終わりなき旅の終わり

さらば、遊牧夫婦

2007→2008

近藤雄生
YUKI KONDO

旅の中を生き続けたい。
そう思い、結婚直後に仕事はないまま、
ぼくらは二人で旅に出た。
旅をしながら、住んで、学んで、働いて。
五年におよんだそんな「遊牧」の日々の中で、
ぼくらは確信した。
そう、いまは、旅が暮らしになる時代なんだと――。

本書は、その五年間の最後の一年間の記録である。

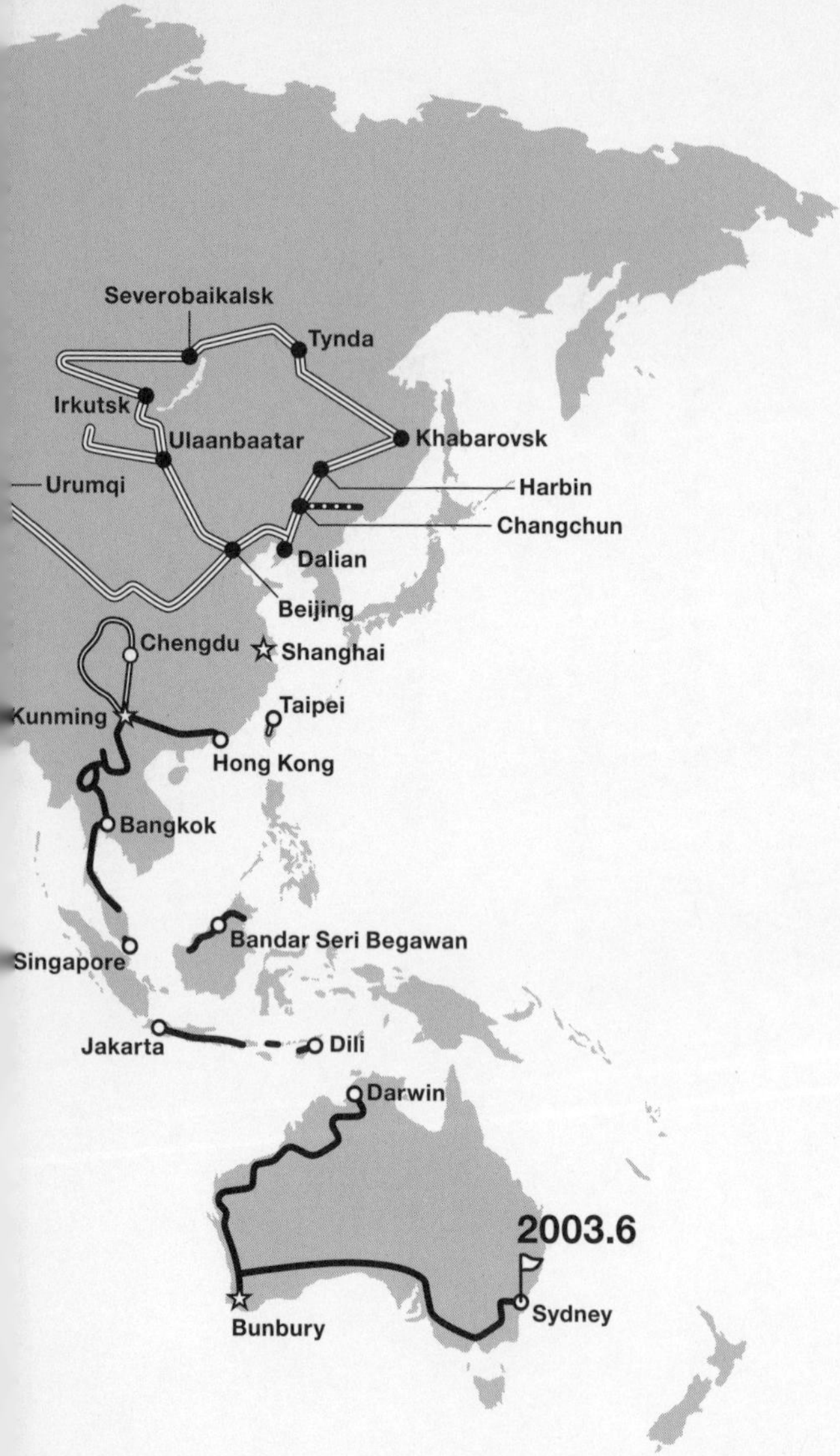
Severobaikalsk
Tynda
Irkutsk
Ulaanbaatar
Khabarovsk
Urumqi
Harbin
Changchun
Dalian
Beijing
Chengdu
Shanghai
Taipei
Kunming
Hong Kong
Bangkok
Bandar Seri Begawan
Singapore
Jakarta
Dili
Darwin
2003.6
Sydney
Bunbury

2003 ➡ 2008

「遊牧夫婦」旅の全行程

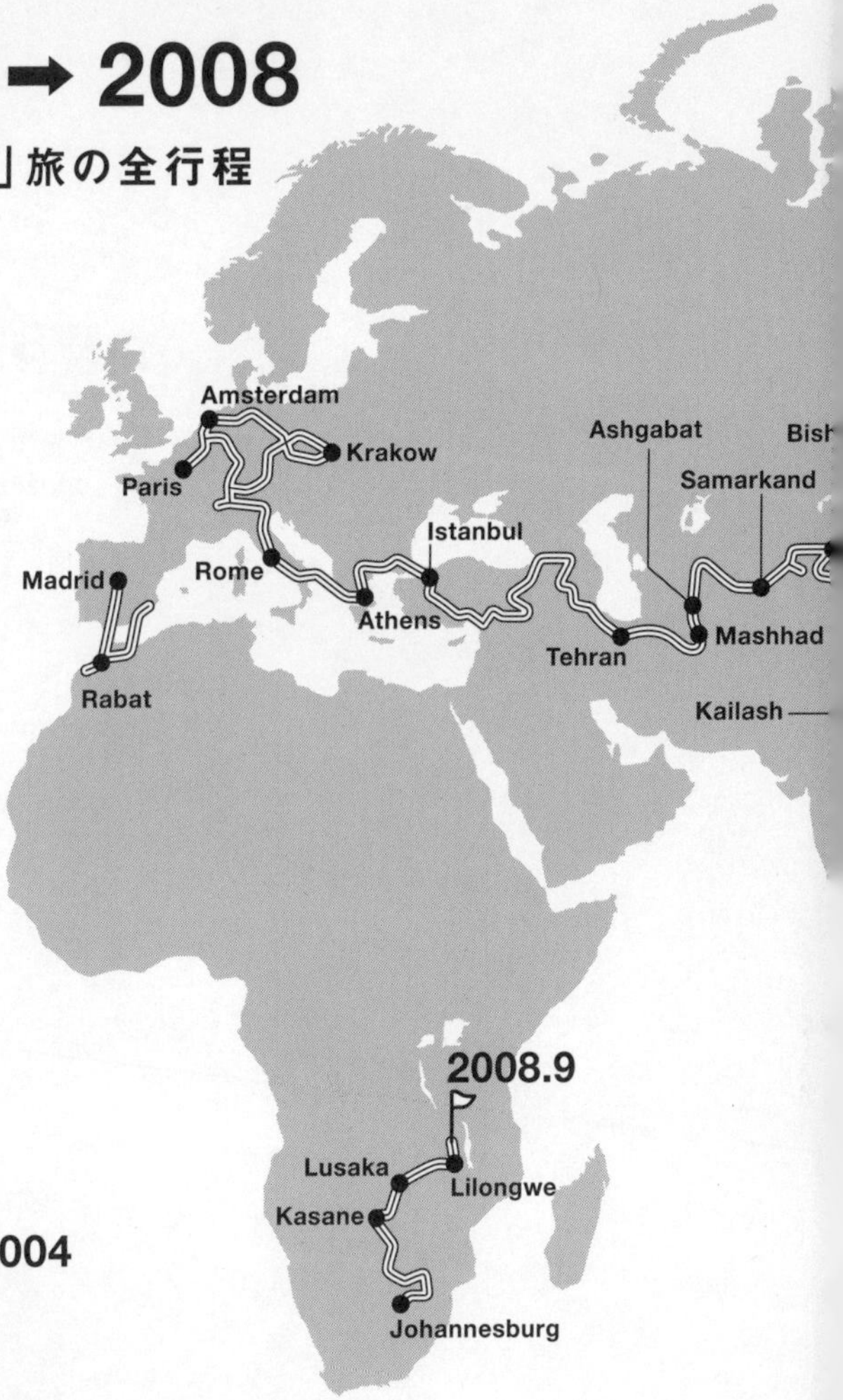

- 2003→2004
- 2005
- 2006
- 2007→2008
- ☆ 住んだ町

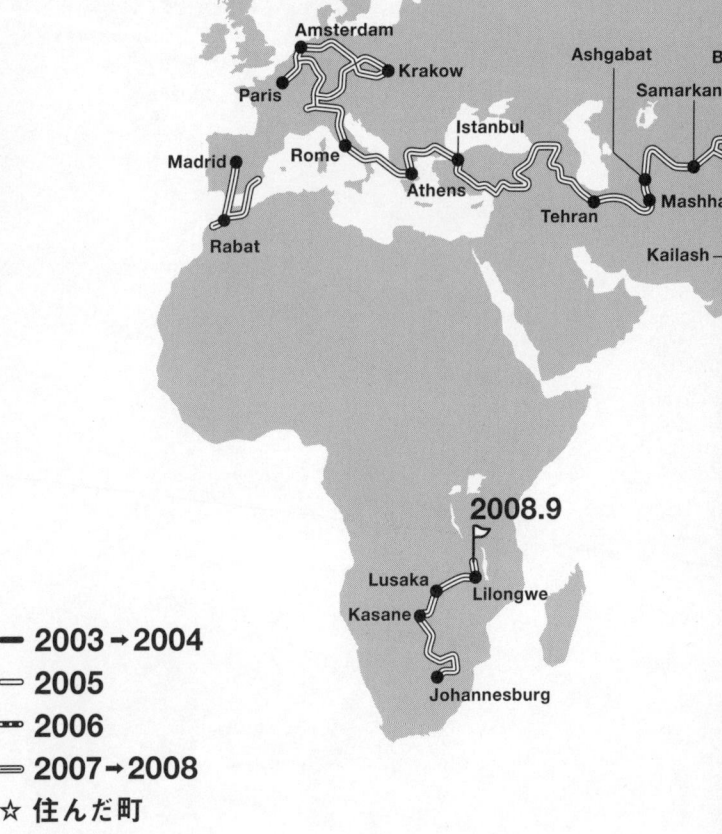

セベロバイカルスク
フブスグル湖
タシュケント
Mongolia
ティンダ
Russia
イルクーツク
ビシュケク
スフバートル
ハバロフスク
Kyrgyzstan
ウルムチ
ザミンウド
エレンホト
ハルビン
フンチュン（中国・北朝鮮国境の橋）
ウランバートル
長春
北京
大連
オシュ
D.P.R.Korea
西寧
蘭州
承徳
リンゴンリー
西安
アリ
カイラス
上海
2007.7
本書のスタート
China
2007 ➡ 2008
本書の旅のルート

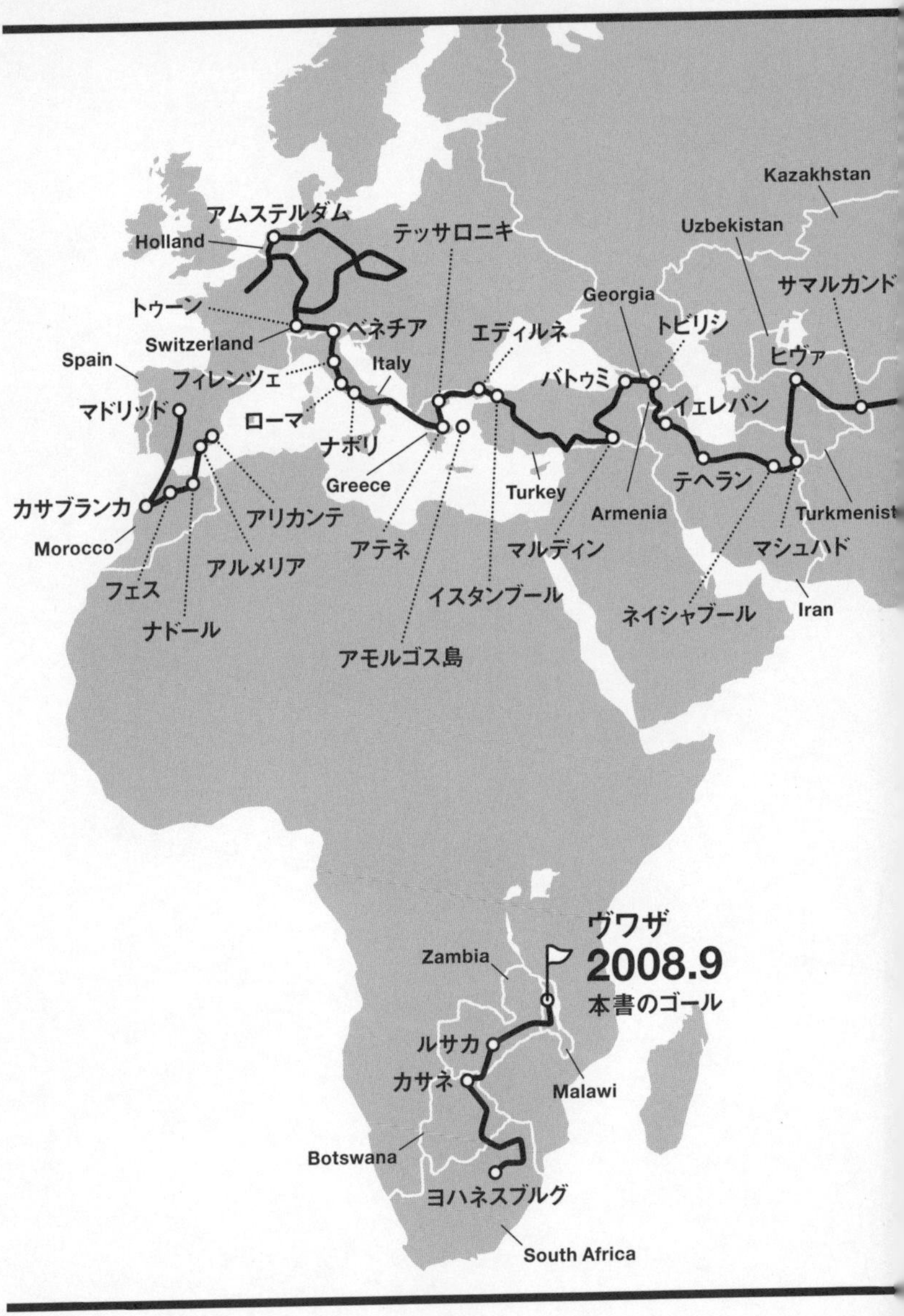
Kazakhstan
Uzbekistan
サマルカンド
アムステルダム
Holland
テッサロニキ
Georgia
トゥーン
トビリシ
Switzerland
ベネチア
エディルネ
ヒヴァ
Spain
Italy
フィレンツェ
バトゥミ
マドリッド
イェレバン
ローマ
ナポリ
テヘラン
Greece
Turkey
カサブランカ
アリカンテ
Armenia
Turkmenist
Morocco
アテネ
マルディン
マシュハド
アルメリア
フェス
イスタンブール
ネイシャブール
Iran
ナドール
アモルゴス島
ヴワザ
2008.9
本書のゴール
Zambia
ルサカ
カサネ
Malawi
Botswana
ヨハネスブルグ
South Africa

ブックデザイン　寄藤文平・八田さつき（文平銀座）

終わりなき旅の終わり

さらば、遊牧夫婦

目次

I ユーラシアを行く

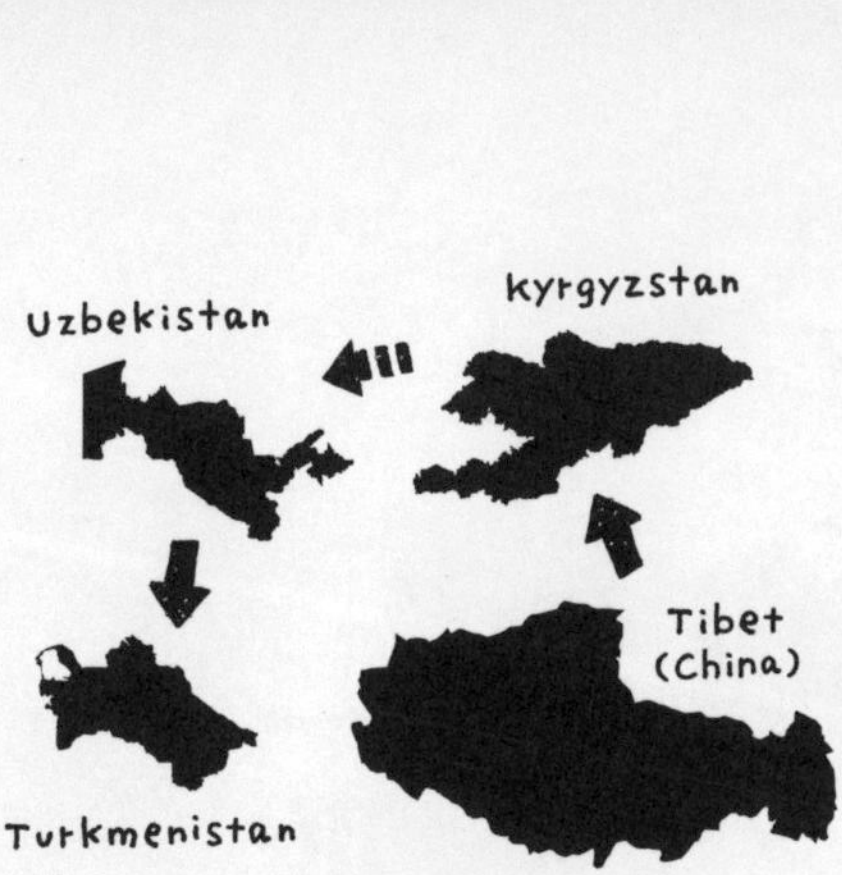

Ⅱ 聖地と極寒

III

イスラム、国境、人種

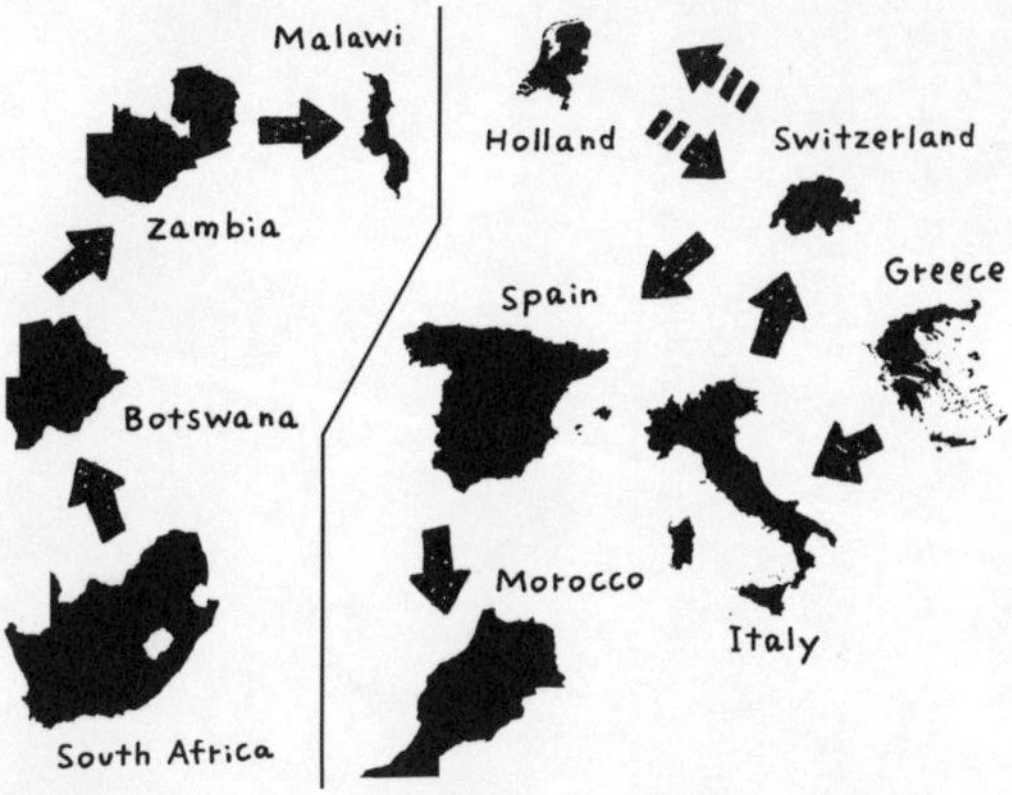
Malawi
Zambia
Botswana
South Africa
Holland
Switzerland
Spain
Greece
Morocco
Italy

Ⅳ

遊牧夫婦の決断

0 プロローグ

二〇〇六年十月四日午前十一時過ぎ、雲一つない青空の下、ぼくと妻のモトコは一本の橋を渡ろうとしていた。橋は、普通車が二台通れるほどの幅があり、長さは五〇〇メートルほどもありそうに見える。剝《は》がれた欄干《らんかん》の赤いペンキが、橋が刻んできた時間の長さを物語る。その下には、橋の長さに見合った大きな川が穏やかに流れている。

ぼくはその橋の一端に立ち、緑の木々に包まれた対岸を望みながら、緊張感と高揚感に満たされていた。

「あっちは北朝鮮なのか……」

川は図們江《トウーメンジャン》という。その両岸は中国と北朝鮮。ぼくらはいま、その橋の中国側に立ち、対岸の北朝鮮の大地に向かって歩き出そうとしていた。

しかし、まさにその橋の上にいながらも、不思議でならなかった。いったいおれたちは、どうしてこんなところまで来ることができてしまったのだろうか。


当時上海に住んでいたぼくらは、このとき短い日程の旅行で中国東北部を訪れていた。その際、近かった北朝鮮との国境付近にも足を延ばした。北朝鮮に行こうなどというつもりは微塵《みじん》もなかったし、いきなり入国できるはずがないこともわかっていた。だから、この前日、その橋のそばにある国境の入口で車を降り、その前に立っていた門番のような職員にこう訊いたのは、ただの挨拶《あいさつ》代わりのようなものだった。

「この国境から北朝鮮に渡ることはできるんですか？」

しかしそのとき、まったく予想もしなかった答えが返ってきたのだ。

「可以（クゥーイー。できるよ）」

「外国人でも？」

「可以」

まさか、とぼくは思った。行けるはずがないだろう、と。しかし同時に、気持ちは一気に高揚した。もしちょっとでも北朝鮮を見ることができるのならば——。宿に帰ってモトこと一晩考えた。そして翌朝、思い切って行ってみることに決め、その場所に戻ったのだ。

「日本人ですが、ここから北朝鮮には行けますか？」

「不可以（ブクゥーイー。行けないよ）」

前日とは別の職員が、当たり前のようにそう言った。

やはりそうかとは思ったものの、はい、そうですかとはあきらめられない。

「昨日の職員には行けると言われた。たった一時間、向こう側をちょっと見るだけでもかまわないから」

無理を承知でそう言ってみると、「ちょっと待て」と門番はトランシーバーでなかの人間に問い合わせた。そしてしばらくすると彼は言った。

「じゃあ、建物の中へ」

おお、ほんとに行けるのか……。通してもらえたことに驚きながら、少し興奮気味に建物の中に入っていった。そしてひと気のない建物の中をしばらく歩くと出国審査の場所に着いた。

さすがにここは厳しいだろうと思いつつ、門番に言ったのと同じことを言ってみる。すると、「じゃあ、一時間で帰ってくるんだな」と、笑ってパスポートに出国のスタンプを押してくれるではないか。橋のたもとに行くまでにさらにもう二人を説得する必要があったが、同様なゴリ押しの交渉がなぜか次々とうまくいき、気づくとぼくらは橋の目の前まで来ていたのだ。

なんて適当な国境なんだろう。そう思った。どうして通してもらえたのか、理由はまったくわからない。しかしとにかく、あとは渡るだけという場所までぼくたちは来ることができてしまったのだ。

前日、遠くからこの橋を望んだとき、渡ることなど想像すらしなかった。あの橋の向こうにはどんな大地が広がっているのか、どんな人々が生きているのか。自分の目で確認することなど、一生ないと思っていた。しかしいま、少なくともその川の対岸にまでは行けそうな状況になっていた。


「本当に渡っても大丈夫なのかな」

当然ながらひと気などない。風の音と自分たちの足音しか聞こえない静寂《せいじゃく》さを少し不気味に感じながら、モトコと二人、対岸に向かって歩き出した。北朝鮮側の大地の緑色と、太陽の光で薄められた空の青色は、一見、平和そのものの風景をつくり上げていた。しかしこの橋の向こうはけっしてそんな単純な場所ではないはずである。

いきなり撃たれたりしないだろうか。そんな妄想《もうそう》も頭をよぎる。カメラを取り出して、

さっと数枚写真を撮るとモトコが言った。

「写真撮るの、もうやめて！」

平然としていた彼女も、さすがに若干《じゃっかん》緊張しているようだった。

しばらく行くと、橋の中間を示す赤いラインが現れた。

「止歩」

大きくそう書かれている。この先からは北朝鮮側になるのだろう。さらに歩くと、いよいよ橋も終わりに近づき、小さなゲートと、ポールに掲《かか》げられた北朝鮮の国旗が見えてくる。その隣の詰所には少年のような国境の番人が待っていた。自分が漠然《ばくぜん》と持っていた北朝鮮の兵士のイメージとは全然違う人のよさそうな少年だった。

「ちょっとだけ観光しに来ました」

中国語でぼくは言った。最初は意味がわからないようだったが、ゆっくりと何度か繰り返すと理解してくれた。そして彼は中国語でこう答えた。

「不行（ブ・シン）」

だめだ、と。電話で中に確認も取ってくれたが、やはりだめだという。しかし数メートル先に北朝鮮の土地を見てこのまま戻るわけにはいかない。パスポートに中国出国のスタンプがあることを示し、笑顔を振りまきながらこのままじゃ帰らないぞという意志を見せると、しばらく黙りこんだあと、突然少年は、何か意を決した顔をした。

「わかった、行きなよ」

なぜかはわからなかったが、このとき彼は自らの決断でぼくたちを通してくれたのだった。おお、ありがとう！　と喜びつつも、不可解なままますべてがぼくらを北朝鮮へと導き入れているような展開に少し怖さも感じ始めた。

そうして橋を渡り切った。ついに北朝鮮の大地へ、第一歩を踏み入れたのだ。

足早に奥の建物まで歩いていき、扉からなかに入った。入国審査の窓口はあるが、職員は誰もいない。入国するのを待っている中国人が数人いたので訊いてみると、昼休みだとのことだった。うろうろしていると、奥から中年の職員が登場した。

「隣の部屋で待ちなさい」

そう言われ、ソファのある応接間のような部屋に入るように促された。そこは十数畳ほどの広さの白壁のガランとした空間だったが、壁には金正日《キムジョンイル》と金日成《キムイルソン》の二人が笑顔で並んで立つ大きな赤い肖像画が飾られ、こげ茶色の木の扉の上には、力強いスローガンらしき言葉が掲《かか》げてある。いよいよ北朝鮮にいるんだな。緊張感が高まった。

「写真撮っても大丈夫かな？」

職員が去ったあと、ビクビクしつつもさっとカメラを取り出して、肖像画や部屋の様子を座りながら撮影した。物音がするたびにびっくりした。そしてすぐにカメラをしまった。

それにしてもすべてがわからなくなってきた。なぜこんなところまで来ることができたのか。なぜ自分たちだけこんな部屋に通されたのか。いったいこれからどうなるのか。自ら無理やりここまで来てみたものの、徐々《じょじょ》に落ち着かない気持ちになっていく。

「もう、帰ろうよ。これ以上はもう無理やろ」

モトコに言われて、そうだな、と思った。どう考えてもこの状態で正式に入国できるはずはない。限界まで来た気はする。十二時になると橋の中国側が一時的に閉められるとも橋を渡る前に聞いていた。それになんといっても、ぼくもモトコも、金親子が笑う静かなこの部屋の雰囲気にびびっていた。

そのとき十一時四十五分。橋が閉まるまで十五分ある。ぼくらは金親子の部屋を出て建物を後にした。そして周囲にひろがる牧歌的な風景を眺めながら、中国に戻るべく橋の付け根まで戻っていった。そこにはやはり先の少年の番人が立っている。彼に礼を言って再び中国側に戻ろう。そう思った。

しかし——。

茶と緑の風景から目を離し、正面の橋を見ると、北朝鮮側のゲートが閉まっているではないか。あっ、と思った。中国側が閉まるのであればこちら側が閉まるのも予想できたはずだった。だが、なぜかそのことをぼくもモトコもまったく考えていなかった。

それでも、少年がさっきのように笑顔で通してくれるはずだと、不安を打ち消して歩を進めると、彼がさっきとはまるで異なる真剣な形相《ぎょうそう》でこう言うではないか。

「不行（ブ・シン）」

え？　と思い、急いで彼に近づいた。

「入国できなかったんだ、中国に戻るから橋を渡らせてくれ」

彼は続けて首を振った。「不行、不行！」。だめだ、だめだ！　と。そしてぼくの足が、彼が立つコンクリートの台の部分に載っているのを見ると、彼は一切の穏やかさを消してこう言ったのだ。

「そこから降りろ。向こうに戻って待っていろ」

柔和《にゅうわ》な雰囲気はなくなっていた。初めて、もう交渉は無理だと感じた。

「どうしよう……」

ただ昼休みで扉が閉まっているだけなのかもしれなかったが、まずい展開の予感もした。どうなるんだろうと不安に思いながら、しかたなく、歩いて入国審査の建物へと戻っていった。少し待ったらあの少年兵はぼくらを通してくれるのだろうか。それとも、強引に橋を渡ってきたことが何か問題になっているのか。いま何か調べられているのかもしれない。あれこれ考えを巡らせて気持ちはますます落ち着かなくなった。

と、そんなとき。今度は予想もしていない声が聞こえてきた。

「あなたたち、日本人？　なんでこんなところにいるの⁉」

明らかにネイティブの日本語だった。驚いて声の主を見ると、それは一人の初老のおじさんだった。いったい誰だろう？　不思議に思いながら、早足で彼に近づき、ぼくは言った。

「こんにちは……。はい、日本人です」

訊くと彼は、仕事で北朝鮮に行くところなのだと言った。在日朝鮮人なのだと言う。それから、「で、あなたたちは？」とこちら以上に不思議そうな顔でぼくたちの素性《すじょう》を訊いてきた。ぼくが、自分たちは単なる旅行者であること、適当な交渉でなぜかここまで来れてしまったことを説明すると、心底驚いたようだった。

「え、本当に？　招聘状《しょうへい》も何もなしでここまで来れるなんて知らなかったよ。びっくりしたなあ。まさかこんなところに旅行者がいるなんて。それに、いまは日本もどこも大騒ぎなのは知ってる？　昨日北朝鮮が核実験をやるって宣言したんだよ」

え⁉　今度はぼくらが驚く番だった。

すでに書いたとおり、この日は二〇〇六年十月四日だった。その前日、十月三日に北朝鮮が核実験を実施すると宣言したというのだ。僻地《へきち》にいてろくにネットも見ていなかった。完全に初耳だった。まさかこのタイミングで、そんな事態になっていようとは思いもよらない。一気に緊張感が増幅した。こんな日に、わけのわからない入国未遂《みすい》のようなことをしでかして、しかも国境の写真を撮っているのがばれたりしたら……。

するとぼくの携帯が鳴った。メールだなと思って携帯を取り出そうとすると、おじさんはびっくりした顔でこっちを見た。

「いまのは携帯？　まずいよ！　携帯は持ち込み禁止。中国側で預かってもらわないといけないんだよ。すぐに電源切って！　カメラも隠しておいたほうがいいよ！」

そう言われてぼくはようやく気がついた。国境というものを軽く考えすぎていた……。あるいは、旅への意識があまりにも甘くなりすぎていたのかもしれない。ふと、自分たちが、よくも悪くもこの生活に慣れすぎてしまっているような気がしてきた。そして改めて時間の経過を意識した。もう三年以上になったのだ。

結婚直後に無職のままで、モトコと二人で日本を出たのは二〇〇三年六月のことだった。当時、ぼくは二十六歳、モトコは二十七歳。旅を暮らしにしようと心に決め、住むことと移動することを繰り返す日々を送り始めた。

オーストラリア西海岸バンバリーでイルカを見ながら半年を過ごしたあと、オンボロのバンでオーストラリア大陸を縦断し、バスや列車で東南アジアを縦断した。そして二〇〇四年の暮れに中国に着くと、雲南省《うんなんしょう》の昆明《こんめい》で暮らしながら中国語を勉強した。その生活が一年ほどになった二〇〇六年の初頭からは上海に移り、今度は仕事中心の生活を開始した。モトコは就職活動をして食品関係の会社に就職した。一方ぼくは、自分にとって旅の大きな目的である、旅をしながらライターとして食べていけるようになることを、ようやく上海で実現できそうになっていた。

しかし、そんな場当たり的な生活を夫婦二人で送りながらも、自分たちがそのような人生を生きていることが、つくづく不思議になることがあった。

そもそも自分は、物理や宇宙の世界に憧《あこが》れて理系に進んだ人間だ。大学に入るまでは、自分は必ず研究職的な仕事に就《つ》くだろうと考えていた。対象が宇宙になるにしろ、地球の気候変動になるにしろ、中学時代から慣れ親しんできた理科や数学を使う仕事が自分のフィールドになるだろうことは確信していた。実際大学院に至るまで、ぼくはずっと理系畑を歩いてきた。学部では宇宙や航空機について学び、大学院では北極の海氷の未来予測シミュレーションが研究テーマだったのだ。その一方で、文筆業などという仕事は、高校時代まではもっとも縁も興味もない分野のはずだった。

モトコもまた、いかにもこういう生活を好みそうなタイプではまったくない。旅が好きであったとはいえ、常識的で手堅い道をそうそう逸脱《いつだつ》しそうもない性格であることはおそらく周囲も本人も認めるところだった。

そんな自分たちが、旅の中を生きることになり、いま、よくわからない展開で北朝鮮の入口に立って右往左往しているのだ。この三年で、モトコもぼくも、妙に大胆に無鉄砲になっていることが、このときわめてよく実感できた。

そうはいっても、ぼくもモトコも根が小心な本質は変わらない。このときはとにかく、中国に戻ることばかりを考えていた。

そわそわしながらおじさんと話し、時間がたつのをひたすら待った。そうして二時間ほどが経過した。

「そろそろ国境がまた開く時間のはずだよ。大丈夫だと思うけど、無事に中国側に戻れるといいね。何かわからないことあったら連絡くださいよ」

そう言われ、ぼくらは礼を言って彼と別れた。たしかに橋の小さな門は開いている。少し軽くなった足取りで橋に向かって歩きながら、その周囲を見て、写真に撮れないこの景色をずっと記憶に焼きつけておかないと、と思った。

川沿いにはきれいに整った畑がある。数百万人が餓死《がし》しているというようなニュースがまったくイメージできないほど青々とした野菜が育っているのが印象的だった。そのそばには子どもたちの姿が見えた。赤や青や白などきれいな服装をした彼らは、お互いにふざけあいながら元気に楽しそうに歩いている。

結局、北朝鮮を見たと思えるのはこの風景だけだな、と話しながら、ぼくらは橋へと近づいた。そして、例の少年兵が今度はにこやかに通してくれるだろうと期待すると、立っていたのは別の人物だった。言葉が通じないなかでこの状況を説明するのはやっかいだなと思いながらも、彼に「北朝鮮に入国できなかったので、中国に戻ります」と中国語で言った。すると彼は、無情にも手を横に振った。

「不行（ダメだ）」

え？　中国に戻るんだよ、いいでしょう？

しかし彼は態度を変えない。予想もしなかった展開に愕然《がくぜん》としながら粘《ねば》ったものの、まったく交渉の余地はなさそうだった。どうも出国のために必要な書類があるらしいのだ。

「この状況でいったいどうすればいいってんだよ……」

意気消沈《いきしょうちん》しながらまた出入国審査場へと戻っていったが、この複雑な状況を、言葉もあまり通じない相手にわかってもらえるとは思えなかった。そうだ、頼めるのは、あのおじさんしかいない。彼が入国してしまう前になんとか助けてもらわないと！

そう思って二人で走って再びあの建物のなかへと駆けこんでいった。なかに戻ると、幸い、彼とその同行者の中国人らしき人物が書類を出したり荷物検査を受けたりしているところだった。お願いすると、同行者の男性が窓口で、朝鮮語でぼくらのことを説明し必要な書類をもらってくれた。教えてもらいながら必要事項を記入すると、あとは何カ所かにハンコとサインをもらうだけの状態になった。なんとか、中国帰還が見えてきた。北朝鮮へと入国するおじさんたちに礼を言って別れを告げる。そしてすぐに二階に上がりしばらく待つと、ようやくすべてのサインとハンコが手に入った。

「やった……。もう早く出よう」

誰かに呼び止められたりしないかとまだビクビクしていたが、今度こそ、本当に出国できるんだと確信できた。

相変わらずの晴れ空の下で身体がぐっと軽くなる。逃げるように橋に向かうと、建物の前に止まっていたバスのなかの中国人に呼び止められた。

「橋はバスで渡るんだ！　歩いちゃ渡れないよ」

その言葉で、そもそも橋を歩いて渡ってきたところから何かがおかしかったらしいことに気づかされた。ボロボロのバスに乗りこんだ。橋で恐る恐る書類を渡すと先の番人が確認する。問題はなかった。

バスは中国に向かって、ババババッと重く大きな音を立てながらゆっくりと橋を渡り始めた。たった数百メートルの橋の向こう側があまりにも遠く感じられたが、このときやっとその向こう側に戻れることが確実となった。

「助かった……」

国境というものが何なのか、このとき少しわかった気がした。自分たちの無知と無謀《むぼう》さに我ながらゾッとした。川の向こうの中国がとてつもなく遠く感じられたあの瞬間、国境の恐ろしさを肌で知った。しかし同時に、強く魅《み》せられている自分もいた。二年前、東南アジアの国境を越えて北上を続けていたときの興奮を思い出す。そして思った。

次々に国境を越える旅を、もう一度したい――。

I

ユーラシアを行く

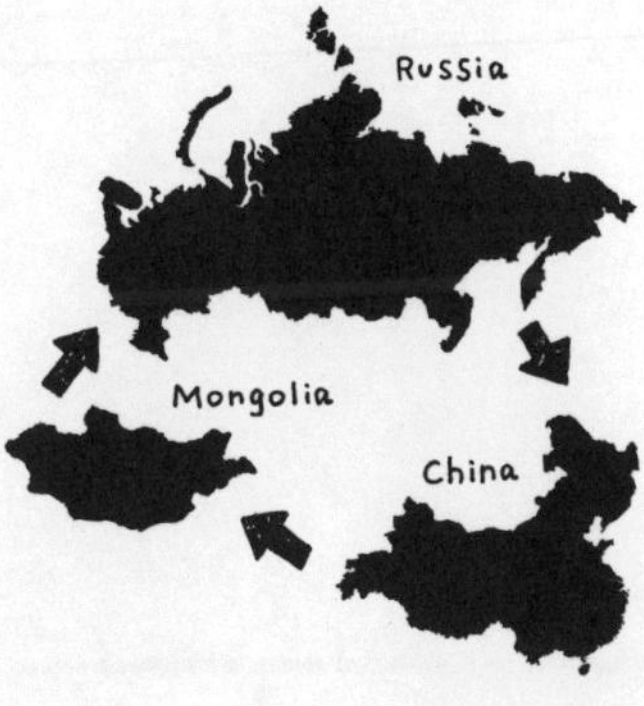

1 新たな旅の始まり

北朝鮮の顚末《てんまつ》から九カ月がたった二〇〇七年七月。ぼくらは、中国からヨーロッパまでを陸路で行く新たな旅を始めようとしていた。それはちょうど、上海での生活が一年半になろうとしていたときであり、この長旅を始めてから四年が過ぎたころのことだった。

上海の生活にはすっかり慣れ、居心地もよくなっていたが、そろそろ移動するときだと感じていた。徐々に身体が移動を求めるようになっていた。二〇〇四年のバンバリーから昆明《こんめい》までの北上の旅に続き、二度目の大移動をしたいと思うようになっていた。

モトコには、上海を出たいと思うまた別な理由もあった。勤めていた会社にこれ以上いたくなかったのだ。その理由の一つが、あるとき彼女がふと同僚に話した営業の情報がライバル会社に漏《も》れていたことだった。いろいろ考えた結果、どうもその同僚が情報を流して見返りを得ているらしいことに気がついた。そのことを中国人の上司にやんわりと相談するとこう言われた。

「そういうものだから、気をつけなさい」

もちろん、そんな同僚ばかりではないし、そういう文化のなかでは、話してしまったモトコが悪いともいえる。ただ彼女は、自分はもう働けないと思った。

それは中国では珍しいことではないらしい。この件に関して、ぼくが、知り合いの会社経営者の中国人に話してみると、彼はこう言った。

「そりゃ、当然だよ。同僚の情報を売る人間なんてどこにでもいるさ」

驚きながらぼくが、「日本人はそういう感覚にはなかなか馴染《なじ》めない」と言うと、彼は何を言ってるんだ、という顔で笑いながら言った。

「日本人のほうがよっぽどひどいじゃないか。上海に来ている日本人は、みんな平気で悪いことをするからね。いろんな例を知ってるよ」

具体的に何を指していたのかはわからないが、彼は確信を持って言った。文化とはやはり相対的なものなのだ。

いずれにしても、ここで重要なのはモトコが中国を出たいと思ったことだ。

一方ぼくは、中国を離れ、未知の土地へ行くことそのものが楽しみだった。昆明時代も入れると中国生活は二年半にもなっていた。移動したいという気持ちは十分に高まっていた。出よう。動こう——。

ルートをユーラシア横断へと固めるのに、それほど時間はかからなかった。最初モトコは、「キューバに行きたい」と言った。太平洋の島々を渡りながら東に行くのはどうやろう。イルカやクジラを見ながら島を渡り、東へ進む。そして、キューバにしばらく住めたら——。

ぼくもキューバには興味はあった。次に住む場所としても面白そうにはちがいない。中国という社会主義の世界に住んでみて、別の社会主義国も見てみたくなっていた。それに、ラテンの陽気さ、海、太陽。チェ・ゲバラに、ブエナビスタ・ソシアル・クラブ……。そんなイメージへの単純な憧れもあった。

しかしぼくが気になったのは、ルートだった。上海から東に行くとすれば、太平洋の島々を経由したとしてもその行程の多くが飛行機で飛ぶことにならざるをえない。もちろん船という選択肢もあるだろう。しかし船は案外値《ね》が張る上に、その単調さと自由度の低さから考えると、自分にとっては陸路での移動に比べて魅力は格段《かくだん》に小さかった。やはり移動するのであれば、陸続きのところを動きたい。東南アジアを北上したときのように、一つひとつ国境を越え、少しずつ人の顔、土地、気候、食べ物や文化が変わっていく移動がしたかった。中国・北朝鮮の国境のような大きな断絶もまた体験したかった。とすれば向かうは西しかない。

こういうとき、たいていモトコの案のほうに軍配《ぐんばい》が上がるのは、ぼくら夫婦のパターンであったが、このときはなぜか比較的すんなりとユーラシア横断へと話がまとまった。押しと引きを巧《たく》みに使うぼくの作戦勝ちだったのかもしれないが、モトコもユーラシア大陸を横断したいという気持ちがあるようだった。

可能なルートはいくつかある。

シベリア鉄道で一気にロシアからヨーロッパというのはなしとして、王道なのは、インド→パキスタン→イラン→トルコという南方のルートだろう。

もう一つは、中央アジアからイランへと抜けるルートだ。中央アジアには、キルギス、ウズベキスタン、カザフスタン、トルクメニスタン、タジキスタンといった国があるが、それらの国の位置関係もわからなければ、どんな国なのかも想像がつかなかった。

「中央アジアを通れたら面白そうだなあ」

それらの国々のビザ事情もわからないし、行った人の話もあまり聞いたことがない。どんな世界かまるで想像がつかなかった。だからこそ、惹《ひ》かれた。

再び訪れたいと思っていたインドや、まだ見ぬパキスタンにも興味はあった。だが、未知の度合いでいえば中央アジアのほうが格段に未知だった。

中央アジアが普通に抜けられることがわかると、ざっくりとした旅の行程は決定した。中央アジアを抜けてヨーロッパへ行く。そしてできたらヨーロッパで住める国を探そうと。


二〇〇七年七月。住み慣れた上海をいよいよ出発するときが来た。

友だちと別れ、親しかった近所の麵屋や花屋にも別れを言いに行く。部屋を整理して、増えすぎた荷物を日本へ送る。自分たちが抱えこんだモノの量を確認して、ここにたしかにぼくらの一年半の生活があったことを実感する。二〇〇三年に日本を出たときは、大小のバックパックに入るだけの荷物しかなかったのに、定住するとこんなにも増えるのだ。

「ついに中国を離れるんだなあ」。片づいていく部屋を見ながら、ぼくはしみじみした気持ちになった。しかしモトコはそうでもなさそうだった。

そうして上海の生活は終わっていった。新たな大きな移動を始める前にぼくらは一度日本に戻った。

大腸内視鏡検査を受けたり人に会ったりしていると、すぐに一カ月がたち出発のときがやってくる。最初の旅立ちから四年がたち、ぼくらも家族も、それぞれに年を取っていた。いろんな変化が、目に見える形で表れていた。

京都のモトコの実家から、関西空港に出発する朝、八十代後半のモトコの祖母が、「もう一度あんたたちの顔を見るまでは死ねへんなあ」と、笑いながらも寂しそうにぼくらを見送った。モトコは寂しさを押し殺すように、静かに家族に背中を見せて家を出る。家族もぼくらも、ともにいろんな思いを抱えながら別れを告げた。

同じような光景はここ数年の間に何度かあった。でもきっとこれが、最後の日本からの出発になるだろうとぼくは思った。今度帰ってくるときは、本格的に帰国するときになるはずだ。そんな予感がはっきりとした。

関西空港から上海へ。そして上海で北京行きのチケットを買って、国内線用の虹橋《ホンチャオ》空港へ移動して、その日のうちに北京へ飛んだ。二〇〇七年八月六日のことである。

ぼくらの、新たな旅が始まった。

2 蟻地獄の国境と満天の星空

北京に着いて四日後の八月十日、ぼくたちはモンゴルとの国境に向かうバスの中にいた。まずはモンゴルへ行き、可能ならロシアにも行ってから、西に行こうと考えていた。

座席は人で埋まり、通路はパンパンに詰まった麻袋の荷物でいっぱいだった。麻袋の上に適当に足を投げ出しながら、ぼくは外の景色を眺め続けた。

朝八時半に北京の西三五〇キロの大同《ダートン》を出発してから、バスはひたすら北に向かって走っていく。途中延々と緑の草原が続き、最後の二時間ぐらいは、まったく何もない土地がどこまでもひろがっていた。全方向に地平線が見え、窓からは涼しい風が流れ込み、穏やかな心地よい空気が周囲を囲む。喧騒《けんそう》の中国はいよいよ終わった。

しかしその緑の大地の上を、一本の道が貫いている。その上をぼくらは走っている。

「こんな僻地《へきち》まで道がきれいに整備されているのはすごいなあ……」

ぼくは自分たちが走っているその道のきれいさに驚いた。周囲は明らかにモンゴルを想像させる風景だったが、中国がその大地を真っ二つに切り割っているかのようだった。

国境の町、エレンホト（二連浩特）に着いたのは、午後三時半ごろのこと。

まったくの不毛の地かと思っていたら、そうではなかった。町は少なくない人で賑《にぎ》わっている。晴れて乾燥した空気のなか、大通りには複数のカラフルなパラソルの立つ露店が並んでいる。ウリや柑橘《かんきつ》類などの果物から、シャツやスカートまでが売られている。

「いらないかい？　おい、見てってくれよ！」

そんな声が聞こえる横を、Tシャツ姿の人々がゆっくりと品定めしながら歩く様子は、東南アジアのリゾート地のマーケットのようだった。その上、宿も予想以上に快適だった。

身体も気持ちもまだ旅に乗り切れてなく、「もうちょっとこの快適空間にいようよ」などという情けない気持ちが生まれてしまい、油断するとどんどん滞在が延びそうだった。宿のクオリティを求めるのはいつもモトコであったものの、いったん快適な宿に収まると長居したがるのは自分だった。

「こんなところにダラダラいてもしかたないやろ。もう行こうよ」

モトコが出発を促した。二泊した後、国境へ向かって動き出した。

国境の入口ゲートまで行くと、その先は車でしか行けないというので、モンゴルに向かう大型バスに乗り込んだ。入国審査はすんなり終わった。そして五分ほどバスに乗って着いたのが、モンゴル側の国境の町、ザミンウドだった。

ここは、中国からモンゴルを抜けてロシアへと続く鉄道の通り道だ。バスを降りた場所はこの鉄道の駅の目の前。駅舎の前にある一〇〇メートル四方ほどのガランとした広場は全体が薄く砂の層で覆《おお》われている。パッと見るかぎりエレンホトのような町があるわけでもなさそうで、駅から少し離れるとすぐに、砂漠という雰囲気になる。

着いたときにはすでに午後二時。

「できることなら、西にひろがるゴビ砂漠などを経由して、車で徐々に北上したいなあ」

「バスがきっと走ってるはずだよね」

そう思い、バスターミナルを探し始めた。駅前の広場で人を見つけては訊いて回る。しかしみなわからないという。なぜだろう。もしかしてバスはないのだろうか。

誤算だったのは、中国語も英語もほとんど通じないことだった。中国語表記も、どこを見渡してもないのである。

中国とモンゴルの国力の違いを考えると、モンゴル側に中国の影響が強く染み出しているにちがいないと想像していた。つまり、モンゴルに入ってもとりあえずは人民元と中国語でなんとかなるだろうと。それが通常の国境の状況であるはずだった。しかし違った。国境を越えた瞬間から、中国の姿は完全に消え去ってしまったのだ。

バスの存在がまったく確認できないので、その辺の車に乗せてもらうことも考えた。地図を見ると、ここザミンウドを北上して次に出てくる町らしい町は、二五〇キロほど先のサインシャンドになるらしい。その辺まで車で連れてってくれないかと、手当たり次第にジェスチャー混じりで訊いてみる。

「サインシャンドだって？ うーん、それなら三〇万トゥグルグだ」

最初はふっかけているのだろうと思った。日本円で三万円ほどの金額だからだ。しかし誰もが同様な額を言ってくるので、本当にそれくらいが妥当《だとう》なのかもしれない。いや、そもそもそんなことを実際にする人がいないのだろう。あきらめざるをえなかった。

「列車しかなさそうだな。しかたない、とりあえずサインシャンドまで列車で行くか」

そう決めていまさらながら駅に行く。チケット売り場の閑散《かんさん》とした窓口でぼくは言った。

「サインシャンドまで」

すると思わぬ言葉が返ってきた。

「今日のチケットはすべて売り切れたよ。明日の朝七時に来なさい」

売り切れた？　マジで？　そんな可能性は考えてもいなかった。

「ってことは、今日はここで泊まらないといけないってこと？」

モトコと顔を見合わせた。そういうことにちがいない。中国側のエレンホトとは逆に、何もないこの国境の町で一晩過ごさなければならなくなってしまったのだ。まいったなと思いつつ、しかたなく近くにある安ホテルに当たってみる。するとさらに驚かされた。

「部屋？　今日はもうないよ」

どのホテルのスタッフも一様に、ダメダメと手を振りながら言う。なんとどこも満室なのだ！　間もなく他に尋ねるべき宿もなくなった。

疲れきって倒れこむように駅前のカフェになだれ込んだ。狭い店内のイスの横に大きなバックパックをドサッと置いて、ぼくもモトコもしばらく言葉を失っていた。いったいどうなってるんだ。なんでこんな辺鄙《へんぴ》な国境に人が泊まりまくってるんだろう……。暑さで思考はそれ以上進まない。しかしそう言っていても泊まる場所は見つからない。

「ちょっともう一度駅を見てくるよ」

モトコは体調もあまりすぐれないようだったので、ぼくはモトコに荷物を任せて身軽な状態で外に出た。駅の隅々まで走り回って何かないかと探してみる。陽がだんだんと陰《かげ》り、駅も少しずつ閑散としてくる。時間はない。

インフォメーションルームという部屋があった。入ってみると英語を話せる大柄の女性が座っている。まさにこの人こそが、ぼくらが探していた人物だと直感した。

「どこもホテルがいっぱいで、泊まるところがないんです」

「それだったら、ツーリストキャンプが近くにあるけど、そこに泊まる？　電話してあげる。迎えに来てくれるはずよ」

「ぜひ、お願いします！」

やった。ようやく見つかった。ほっとして思わず顔がほころんだ。

カフェで待っていたモトコに、「見つかったよ！　行こう！」と伝えると、憔悴《しょうすい》しきっていた彼女の顔にうっすらと笑顔が戻った。

数人のモンゴル人とともに、ロシア製の装甲車《そうこうしゃ》のようなグレーのバンに乗ってキャンプに向かった。ザミンウドの駅から少し離れるとすぐに舗装路《ほそうろ》はなくなり、砂が舞う荒涼とした風景になる。そしてすぐに草原だ。駅から七キロ、果てしなく見える草の上を走った先に、六、七つほどの真っ白なゲル（モンゴル式住居）が見えてくる。それぞれ直径六メートルほどだろうか。小さなサーカステントの集合体みたいに見えた。

そこがツーリストキャンプだった。旅行者用の施設という雰囲気は否《いな》めないものの、

「ここで一泊も悪くないな」とぼくは思った。見渡すかぎりの草原に夕日が落ちていくのを眺めるのは、想像していたモンゴルそのものだったのだ。

翌朝。起きてゲルの外に出ると、雲一つない快晴の空が迎えてくれる。

昨日の経験を踏まえて、この日ウランバートルまで行ってしまおうと考えていた。宿に居合わせた英語の上手なブルネという若いモンゴル人が、ありがたいことに一緒に駅まで来てくれることになった。「モンゴル語ができないといろいろ不便だろうからね」。彼はウランバートルから出張でザミンウドに滞在中で、その日も仕事があるのにもかかわらず、早朝からぼくらのチケット購入につき合ってくれるというのだ。

六時半に宿を出て駅に行った。駅の光景を見てびっくりした。まだ七時前だというのに、すでに長蛇《ちょうだ》の列ができているのだ。黒いガラス張りの近代的な建物のなかから延々と列ができ、それが外にも一〇〇メートルほど続いている。

「やべえ、朝からこれか……。夕方行ったら売り切れてるわけだなあ」

ぼくらもすぐに並んだ。列は順調に進んでいくが、建物のなかに入るとみなとにかく前へ行きたがるため、列は少しずつ乱れていく。するとどこからか、バリバリッ、バリバリッ！　という音が聞こえてきた。驚いたことに、警官が「おい、ちゃんと並べ！」と、列をはみ出ようとする連中をスタンガンで威嚇《いかく》しているのだ。

「押すなよ！」「おめえだろ！」

口論も絶えず、騒然としていた。それを見ながら、「モンゴル人、ワイルドだな」「将棋倒しになったらマジでやばいな」と話しながら、野次馬《やじうま》気分で気楽に眺めていた。しかし、その気楽さが消えたのは、ブルネがこんなことをぼくらに伝えたときだった。

「いま放送で、『〇〇行きのチケットは売り切れた』って言ってるよ」

え、もう売り切れが出てるのか――。

二階までたどり着き、窓口ももう見えていたので、自分たちまではなんとか大丈夫だろうと思っていた。だが、ブルネは次々に不吉な情報を伝えてくる。×〇も、△×も売り切れだって、と。放送を聞いて、並んでいるモンゴル人たちもざわめきだす。そして誰もが一歩でも窓口に近づこうとする。この階には警官もおらず、スタンガンの音も階下から遠く聞こえるのみ。みな、われ先にと窓口を目指す。そうしていつしか列も何もなくなり、完全に中国的な「次はおれだ、次はおれだ！」状態になったときブルネが言った。

「ウランバートル行きもすべて終わったって……」

マジで？　なんと、窓口の目の前で売り切れてしまったのだ。そのときまだ朝九時前。ぼくらはまたしてもこの国境から抜け出す術《すべ》を失った。これにはモトコもぼくも、完全に沈みこんだ。何しろ、明日もう一度並ぶとしても、また同じ展開になりかねないからだ。まさに蟻地獄《ありじごく》のような国境に絡《から》め取られてしまったのかもしれなかった。

どうしてこんなことになってしまったんだろう……。この国境から列車に乗るのが大変だという情報などまったく聞いていなかった。いずれにしても、今日出発できないことは確実になった。その後もう一度ブルネと一緒にバスを探したりもしてみたが、やはり状況は昨日と変わらない。そのうちブルネも仕事に行く時間となる。礼を言って彼とも別れた。するとすることがなにもなくなった。

とりあえず頭でも洗おうかと、駅のトイレへ向かった。昨日モンゴルに入って以来すごい汗と砂埃《すなぼこり》にまみれながらもキャンプではシャワーを浴《あ》びることができなかったためだ。駅のトイレの手洗い場に頭を突っ込む。もともと水が少ないこの場所では、蛇口から出る水もわずかでしかない。それを適当に頭につけて、手でこする。そして服などで適当に拭《ふ》いて終わらせた。すっきりしたのかしてないのかわからない洗髪《せんぱつ》を終えても、何分と時間はつぶれない。でも、焦《あせ》ってもしかたないので、モトコと二人、駅の日陰に腰を下ろして、出発する列車を眺めていた。「ああ、乗れる人はいいなあ!」。

とにかく時間がたつのを待つしかない。しかしこのまま明日を迎えたら、また同じ展開になりかねない。無限ループに入りそうな気がする。

「明日確実にチケットを手に入れられる方法が何かないかな……」。そうモトコと頭を悩ましていると、突然、流暢《りゅうちょう》な日本語を話すモンゴル人夫婦が現れた。「これは！」とばかりに彼らに状況を話してみると、「そうでしたか。では、駅長さんに頼んでみましょうよ」と言ってくれ、駅長さんへ直接届くように手紙を書いてくれた。そして、明日、ちゃんと取り計らってもらえるよう、ぼくらに代わって駅職員にお願いしてくれたのだ。

「これで明日は、きっと大丈夫ですよ」

本当にありがたかった。少しほっとした気持ちで、夜はまたツーリストキャンプへと戻った。疲労がすさまじく、九時ごろには眠りについた。明日こそ、チケットが取れることを願いながら。しかし――。

「ごめん、起きてくれる？　すごいお腹が痛くて」

夜中三時ごろのことだった。モトコが腹痛と寒気を訴えて目を覚ました。具合はかなり悪そうに見える。「大丈夫か？」。ぼくも一緒にゲルの外に出た。真っ暗ななか、小さなヘッドライトを手に持って、草原の離れた場所にあるトイレまで歩いていく。モトコが用を足すのをそばで待っていると、しばらくして「少しましになった……」と言いながら、浮かない顔で戻ってきた。状態はけっして良さそうではない。もし明日になってこのまま回復しなかったら、チケットが取れたとしてもとても動けそうになかった。

「そしたらもうモンゴルはあきらめて中国へ戻ってゆっくり休もうか」

その場合モンゴルには縁がないということだろう。そういうときは流れに任せたほうがいい。こう思えたとたん、少し気が楽になった。

トイレからそれほど遠くない草地に二人で並んで腰を下ろした。

「星空、すごいな」

モトコが多少落ち着いたあと、改めて空をじっくり眺めると、まさに満天の星という光景だった。天の川がきれいに見える。北斗七星《ほくとしちせい》とオリオン座がとても低い位置にじっとしている。無数の星。すべてが止まっているような錯覚《さっかく》に陥《おちい》ると、静寂《せいじゃく》さが音となって聞こえてくるような気がした。

「あっ！」。静止しているように見える世界のなか、流れ星が次々と闇《やみ》のなかを駆け抜けた。五分足らずの間に五つ見えた。そのうち一つは「シューッ」と音が聞こえそうなほど、太くて長い残像を残して消えていった。

「この星空を見ただけでも、モンゴルに来た価値はあったかもしれないな」

ぼくはそんな気持ちになっていた。

「でも、明日回復してるといいな」

ゲルの中に戻り三時間もすると、漆黒《しっこく》の草原は再び、緑色に輝き始めた。ザミンウド三日目の朝がきた。

モトコはずいぶんマシだという。しかし完全に回復させるべく宿で寝ていることにした。そして六時半に、ぼくだけ車で送ってもらって駅へ向かった。前日の直接交渉で「八時に来ればいい」と言われたものの、真に受けては危ないなと早めに駅へ行ったのだ。

駅の状況は昨日と同じでまた並んだ。「まさかな……」と思いながらなんとか昨日ぼくらの交渉の仲介をしてくれた女性職員のもとへたどり着く。すると、パスポートとお金を受け取ってくれた。

「下で待ってなさい」

言われたとおりに下で待った。大丈夫かな。また、やっぱりチケットはないとか言われるんじゃないかな……。二時間ほど待った。するとついに名前が呼ばれた。

「ウランバートルまでよね」

チケットが出てきた。ピンク色でペラペラの、頼りなさげな紙だった。でもそこにはたしかに見覚えのあるキリル文字が並んでいた。

《ザミンウド―ウランバートル》

ようやくこれで脱出できる。ぼくは心から安堵《あんど》した。

キャンプに戻ると、モトコは朝と同様、それなりに元気そうにしていた。悪化している気配はない。

「どう、行けそう?」。「うん、大丈夫。行けると思う」。ぼくはもう一度ほっとした。

ゲルの中を片づけて、十二時半にキャンプを出た。初日、途方にくれながら入った駅のレストランで昼食を食べ、薬を買ってホームへ向かう。緑色の列車は、先頭も最後尾も見えないほどのすさまじい長さだった。各車両のドアの前には、大量の荷物を持った大勢の客が、列を作って乗車をいまかいまかと待っている。しかしこれだけ長いのにどうしてチケットが売り切れるのだろう。不思議だった。

十七時すぎ、ようやく乗車。やっと——。本当に、やっと、という気持ちだった。発車予定の十七時五十分を過ぎたころ、いつということもなく、列車は静かに動き出した。

3 本物の遊牧生活

「なんだこれ……、うわ、砂だ……」

列車の中で寝ていたとき、夜中、口の中がジャリジャリしだして、目が覚めた。

ぼくらに割り当てられた四人用のコンパートメントは、きれいだったものの窓が壊れていて閉まらないことがあとからわかった。心配したのは寒さだったが、一番の問題は砂だった。夜中、列車が砂嵐のようなものに襲《おそ》われて、砂が激しく車内に入ってきてしまったからだ。

「やっとザミンウドを出発できたと思ったら、今度は砂地獄か。モンゴル、思っていた以上にハードだな……」

二段ベッドの下段で、ぼくはなかなか眠れなかった。列車の音が、ガタンガタンとリズムよく響き続ける。唾《つば》と一緒にできるかぎりの砂を吐き出したあと、口を覆うようにして灰色の毛布にくるまりながら窓のほうに目を向ける。口に残る砂粒が、外の砂漠の風景を想像させた。

外は真っ暗で何も見えない。おそらくゴビ砂漠の真っただ中なのだろう。暗闇の砂漠で起こった砂嵐の中を、ゆうに一キロ以上はありそうな長い列車が黙々と真っすぐ走っている。その景色を思い浮かべると、じつに幻想的に思えてくる。

夜が明けて、陽の光が入りだしたころには砂嵐はすでにおさまっていた。外には草原や荒野が延々と続き、その中に白いゲルや動物たちの姿が頻繁《ひんぱん》に見える。ゲルの数が徐々に増え、それがいつしか町といえるほどの規模になった。

「そろそろウランバートルなんだろうな」

発車から十六時間。朝十時前、列車は大きな音を立てながら停車した。

ウランバートルは、思っていた以上にいわゆる普通の都市だった。街の中心部にいると、周囲に砂漠が広がっていることなどすっかり忘れてしまうし、この国の道という道の一割もが舗装されていないことも実感できない（当時調べたところでは、モンゴルには道が四万九〇〇〇キロあり、舗装されているのはそのうち一七〇〇キロのみとのことだった）。

建物にはキリル文字が書かれ、街並みはロシアを想像させる西洋風な雰囲気に包まれている。淡いピンクや黄色のパステルカラーの建物が街並みをつくり、のんびりとした空気感が漂っている。ネット屋やゲストハウス、カフェなども多く、バックパッカー風の西洋人たちも大勢いた。大通りのスタンドで売っているタブロイド紙の一面には朝青龍《あさしょうりゅう》の姿があった。

ぼくはそうした都市らしい雰囲気はけっして嫌いではないけれど、四、五日も滞在すれば十分に思えた。一方都会にはあまり興味のないモトコは、着いた次の日あたりから、「もういつでも私は出発できるよ」という状態だった。

結局ああだこうだで一週間ほどウランバートルに滞在することになったが、そのあとぼくらは、まったく違う風景を求めて、その北西六〇〇キロほどのところに位置するフブスグル湖という大きな湖のそばに向かった。

最初の目的は、トナカイを放牧しながらロシアとの国境付近を移動して暮らす「ツァータン」と呼ばれる少数民族に会うことだった。だが、いくつかの事情（規則が厳格化し、ウランバートルでなければ許可証を取得できなくなったことを現地に着いてから知った、など）によりそれが難しいことが判明する。そしてその代わりに参加することにしたのが、山の中を馬で歩く四泊五日のホーストレッキングだった。それは旅行者向けトレッキングではある。しかしそこにはたしかに、ウランバートルとは完全にかけ離れたモンゴルの世界があった。

ガイドと通訳とぼくら二人がそれぞれ一頭ずつ馬に乗り、果てしない草原と丘が延々と続く中を馬に乗って歩き続けた。

ヤクやヒツジの姿が見えると、その付近にはたいてい、白いゲルがぽつりと建っている。遊牧民たちは、動物たちが付近の草を食べきってしまうまでそこに暮らし、草がなくなったら別の場所へと移動していくのだろう。

人の気配などほとんどないような場所を突き進みながらも、岩場などにほんのわずかな湧水があると、近くにはゲルがあり、人がいる。人は水がないと生きていけない。しかしわずかでも水があれば、人間は生きていけるらしかった。

この地で生きる遊牧民たちが日々、どのようなことを考えているのかをぼくは度々想像した。その日何を食べようか、天候はどうか、動物たちは食べてるか。水はまだあるか、薪《たきぎ》はあるか、子どもたちは元気か、家族はみな楽しく暮らしているか……。

そんなにシンプルではないかもしれない。しかし周囲に誰も人がいなく、新聞もテレビもネットも電話もなく、ほとんど情報が入ってこないなかで暮らせば、必然的にわずらわしい考えごとが減っていくことはたしかだろう。ウランバートルでいま何が起こっているのかを考えることはあっても、彼らが、日本で何が起こっているかを考えることはほとんどないのではないだろうか。その一方で、自分たちは日々何を知り、何を考えながら生きているのか。政治家の失言に俳優の不倫《ふりん》疑惑、戦地での戦いの様子、そして今日食べた食品に含まれる栄養素……。そのすべてをぼくらは毎日知らされて、必死に頭に詰め込もうとする。

しかしそのなかで、本当に知らなければならないことが、いったいどれだけあるだろうか。逆に自分たちは、さまざまな情報を懸命にインプットしているうちに、本当は一番大切であるはずの、リアルな生きる実感を、欠落させているのではないだろうか。空気の感触、風の音、家族の思い、自分の気持ち……。

モンゴルの草原で、遊牧民たちの生活を目《ま》の当たりにしながらぼくは、そんなことを考えていた。知識としてではなく、身体が、自分に欠落しているだろう何かを感じとってくれた気がした。それは極めて貴重な体験だった。余計なものをもっとそぎ落としてしまいたい。そう思った。

馬もブヒブヒと悲鳴を上げる山を登りきり、二九〇〇メートルの山頂にたどり着くと、いくつもの山が連なるのが見え、下には大きなフブスグル湖が広がっていた。ぼくは大きく息を吸った。

「向こうは雨が降っているね」

通訳のバスカが指す方向を見ると、遠くの一帯だけ雲のなかから霧吹きのような雨が湧き出しているのが見て取れた。雨が降るという現象をいま、ぼくらは外から眺めていた。

その豊かさを心から感じた。

自分たちに本当に必要なものは何なのか。ただ静かに馬に乗り続けるなかで、それがこれまで以上にはっきりと見えた気がした。モノも情報も、必要なものなど本当にかぎられている。それが何なのかを知るために、ぼくらはこの長い旅をしているのかもしれないとも思った。

五日間のトレッキングを終えて一度ウランバートルに戻ってから、ぼくらは再び北に向かって夜行列車に乗り込んだ。ロシアはもうすぐそこだった。

4 シベリア鉄道の果てに

国境の町スフバートルに一泊した翌朝のこと。七時半ごろに駅に行き、ぼくらは列車に乗り込んだ。そのなかで出国の手続きを終えたあと、予定通り十時四十五分に列車はロシア側へと出発した。

列車は、進行方向に向かって右側に通路があり、左側にコンパートメントが並んでいる。一つのコンパートメントに二段ベッドがふたつあり、四人が寝られるようになっている。ぼくらのコンパートメントには、ぼくら以外に二人のモンゴル人がいた。身体がごつく人のよさそうな二人は、興味ありげにニコニコしながらぼくらを見る。「どこから来た?」と訊かれ、「ヤポンだ」と答える。

あなたたちは？　と促すと、「おれたちはレスラーなんだ」と、ごつい理由を明らかにした。二十代前半に見える若い男はおもむろに上半身裸《はだか》になり、三十代後半ぐらいの男は、頭のてっぺんにエッフェル塔のような角が生えた帽子をかぶっておどけてみせた。レスリングのときの格好《かっこう》であることはすぐにわかった。「写真を撮ってくれよ」とニコリとしたが、いざカメラを構えると真面目な顔でこちらを向いた。

言葉は通じないが、同じ空間で寝ることになると、なんとなく笑いあうようになり、親しみが増す。ロシアに試合に行くのだろうか。ぶっとくて長いサラミのような肉を三本、ベッドの横にひっかけて、どっしりとベッドに座りこんでいた。

ロシアはもうすぐのはずだった。コンパートメントを出てすぐの通路に立ち、ぼくは窓から外を眺めた。

すでに緩衝《かんしょう》地帯には入っているのかもしれない。低い灌木《かんぼく》や木々が茂り、穏やかだけれどどこか荒涼とした雰囲気を残す風景が広がっている。

ガタガタッ、ガタガタッと、古い車体が大きな音を立てながら進んでいき、川沿いを走ってしばらくすると視界は丘に妨《さまた》げられた。それが、あるところでぱっと開ける。見えてきた風景は、それまでと何も変わらない。水色や白色で明るく塗られた簡素な建物も同じに見える。しかしそこに現れた国境警備員のような人間の姿を見ると、見事にみな白人だった。

「ロシアだ！」

心のなかで叫びたくなった。モンゴルからロシアは、少なくとも国境の前後においては、アジアから急に西洋に変わったように見えた。

列車が止まり、パスポートのチェックを受ける。車内に入ってきた職員も気難しそうな白人だった。ウランバートルで無事にビザを取れていたから何も問題はないはずだったが、ぼくは少しドキドキした。パスポートを手渡すと、無言で終了。肩の力がふっと抜けた。そうして乗客すべてのチェックが終わった十二時前に列車はまた静かに動きだした。何事もなく国境は越えられ、ナウシキという国境の町にしばらく止まってから列車は一気に北上した。

寂しげな風景が延々と続いた。

人家が密集して建ち並ぶ村のような場所を通過すると、そこはかなり貧しげな雰囲気がした。木の板を並べただけのような壁にトタンの屋根の家が並ぶ。ナウシキでも、粗末《そまつ》な木の小屋が並んだマーケットで、白人たちがものを売っているのが印象的だった。

夜九時、ウラン・ウデ。モンゴル系のブリヤート人の中心都市だ。国境から約二五〇キロで、世界最深の湖として知られるバイカル湖のすぐ南に位置する。

ここでモンゴル人レスラーたちが降りたので、コンパートメント内はぼくら二人だけになった。少しゆったりとした気分になって眠りにつくと、翌朝、朝日が出るか出ないかのうちに列車は大きな駅に入っていった。

暗い空のなか、陽が地平線から上がってくると、太陽の手前に町の建物がくっきりとそのシルエットを浮かび上がらせる。白い朝靄《あさもや》がその上を覆《おお》い、まるで巨大な工場から際限《さいげん》なく上がる煙のように見えた。ソ連はこんなだったのではないか。ふと、そんな思いが湧いてくる。

アナウンスも何もないまま、列車はギギギギギーッと大きなブレーキ音とともに停車する。長旅を終えた列車が呼吸を整えるかのように、各部がギコギコ、ギギギー、シューシューと老体らしい音を鳴らすのを聞きながら、自分の部屋のように散らかってしまった荷物をバックパックに押し込んで、急いで降りる準備を整えた。

列車を降りるころには、すでに外は明るくなっていた。

「中学のときに地理で習って以来、なんとなくこの町の名前は印象的だったんだよな」

そんなことをモトコに話しながら、緑色の列車を降りる。車外に出ると、ホームを足早に歩き行く大勢の白人の姿があった。イルクーツクに着いたのだった。

イルクーツクは、南北に延びる三日月のようなバイカル湖の南端の、少し北あたりにある。晴れ空の下に木々が並び、その下には山吹《やまぶき》色の落ち葉がアスファルトを彩《いろど》っている。秋を感じさせるイルクーツクは、美しかった。

着いたのが日曜日だったせいか、町は静まりかえっていた。ロシア正教の古い教会に入ってみると、壮麗《そうれい》な天井画の下で、人々が祈りを捧《ささ》げている。また、町を貫くアンガラ川の川べりに行くと、複数のカップルが川を見つめながら語り合い、それぞれにロマンチックな時間を過ごしていた。

マーケットでは、頭にスカーフを巻いた老婦人が並んで座って花を売り、帽子をかぶった中年の女性たちが立って野菜を売っている。屋内の売り場では、クッキーやパンから、肉、魚まで何でもある。立ち食いのスタンドでビールを頼むと、一杯八〇円でしかないことにうれしくなった。

しかしマーケットのビールは安くとも、ロシアの物価は高かった。宿も六人のドミトリーで一人二〇〇〇円。中国やモンゴルの価格に慣れていたぼくらにとって、とても長居できる値段ではなかった。

結局イルクーツクには一晩しか泊まらなかった。翌日、イルクーツクから六〇キロほどのバイカル湖畔の村に一泊した後、再び列車に乗り込んで、さらに東へと向かうことになった。

列車の中では必然的に、多くの時間をベッドに寝転がって過ごすことになる。居場所はほとんどそこしかないが、時間だけはかぎりなくあった。

寝そべって本を読むことに疲れてくると、駅で買った「ＳＵＤＯＫＵ（数独）」の問題集を取り出して、座席に座ってひたすら解いて時間をつぶす。それにも疲れると、再びベッドで横になり、うとうとしたり、再び本を読んだりするのだった。そうしていつも同じところにたどり着く。気がつくと自分の現状について不安が押し寄せてくるのである。

《人間は、燃えつきる人間と、そうでない人間と、いつか燃えつきたいと望みつづける人間の、三つのタイプがある》

何度読んだかしれない文庫本のその箇所を、また何度となく読み返していた。沢木耕太郎『敗れざる者たち』。その冒頭、カシアス内藤というボクサーについて書いたルポルタージュの一文だ。自分はどのタイプなんだろうと考える。そしてまた思う。いつか燃えつきたいと望みながらもくすぶりつづけるタイプなんだろう、と。

「沢木さんは二十代半ばでこれ書いてるんだもんな……」

わかっていることながら自分とのあまりの違いに改めて愕然《がくぜん》とする。

「おれ、大丈夫なのかな……。もう三十歳になっちゃったよ」

下のベッドでリラックスして音楽を聞くモトコに、思わずぼくは問いかけた。何か励《はげ》ましの言葉をかけてほしいと思う情けない自分がいる。そして彼女はいつもどおりにこう答える。

「そうやなあ……。だいぶ違うよなあ。でもまあそれは、しかたないな。がんばりや」

たしかにそうしか言いようもないだろう。

旅に出たころ以上に、二十代の早い時期にこのようなルポルタージュを書き上げることのすごさがわかるようになっていた。彼の仕事をぼくは一つの目指すところとしていたが、三十歳を過ぎてもなお、自分にはとうてい手の届かない世界であることを実感する。

そうしたことをよく考えるようになったのは、きっと、少しずつ旅の終わりを意識するようになったことと関係がある。四年前、書き手としてほとんど完全な素人の状態で日本を出た自分にとって、この旅はライターとしての修業期間だという意識があった。仕事として書けるようになったという点ではそれなりに進展はあったものの、書きたいと思っていた長さのあるルポルタージュはまだほとんど書くことはできずにいた。

燃えつきたいと思いつつ、燃えつきることなく旅が終わってしまうのではないか。そして、このまま旅が終わり、帰国することになったとしたら、いったいその先はどうなるのだろう。そんなことが常に頭の中にあったのだ。一方でぼくはこのころ、自分は本当に旅を楽しんでいるのだろうか、と考えることも多くなった。

「パソコンもカメラもすべて盗まれてしまったらいいのに」とたびたび思うようになっていた。手元からこうした機器がなくなったら、もはや仕事をすることはできなくなる。そうなればぼくは、わずかな収入源もなくなってしまうだろうし、自分にとってのこの旅の重要な要素を失ってしまうことになる。しかし、きっとぐっと気楽になれる気がしたし、もっと純粋に旅に向き合えるようになるのではないかと思った。

何かを記録したり、表現するためではなく、ただ単にその瞬間を楽しみ、感動するためだけに旅をする。そうすれば感じることもまったく違ったのではないか。まったく違った四年間があったのではないだろうか。そうも思った。

しかし、そんな思いは、結局自分への言い訳でしかないような気もする。本当は、もっと書きたいんだろう。燃えつきたいのだろう?

ぼくは揺れていた。この旅を自分のなかでどう位置づけようかと、知らぬ間に考えるようになっていた。

「おい、ユーラ」

イルクーツクから乗っていた列車では、そんな声がかかることでぼくは考えごとを中断した。二段ベッドのぼくの下にいたローマという中年の男の声だ。丸い顔と太い眉毛《まゆげ》にしっかりと出た豊かな腹。タタール人だという彼は、やたらと陽気で、日本人のぼくらに興味を持ってよく話しかけてくる。「ユーラ」というのは、彼がぼくにつけた呼び名だった。「ユウキだ」と何度言ってもわかってもらえず、そのうち彼が、「ユーラでいいじゃないか」と、決めたのだ。もちろん「モトコ」も覚えてもらえず、彼女は「モタボ」ということに落ち着いた。

「ユーラとモタボか。なんかそれっぽいかもね」

ぼくもモトコも可笑《おか》しくなり、そのままそう名乗ることにした。

ローマの隣には、セルゲイという四十代ぐらいの男がいて、さらにはダニエルという二十代らしきほっそりとした若い男も加わった。ダニエルが少し英語を話せたため、彼に通訳をしてもらったが、しかし大した話もできず、結局は、「まあ、ビールを飲め、パンも食え」となるのがオチだった。

食事どきになると、ベッドの横の小さなテーブルの上にみなで食べ物を持ち寄って、ピクニックのようにして分け合って食べた。クラッカーやパンやクッキーに、サラミやチーズ。それらを小さなナイフで適当に切り分けて家族のようにして食事をとった。「おい、これもうまいぞ。もっと食えよ」。ローマはときにまるで父親のように、自分の持ちこんだ食料をぼくらに勧めてくれる。ロシア人は、一見とっつきにくく見えても、話すとみな感じがよかった。こうして笑い合いながらテーブルを囲んでいると、いろんなことが、まあいいじゃないかとも思えてくる。ぐずぐずと悩んでいてもしかたない。とにかくこの瞬間を充実させて生きるしかないじゃないか、と。

イルクーツクからさらに六五〇キロほど北西に行きタイシェトに着いた。ここが線路の東西の分岐点となる。西に行けばモスクワで、東に行けば日本海だ。ぼくらはここを東に向かった。

バイカル湖の北端をかすめ、どんどんシベリアの奥深くへと入っていく。窓の外に見える景色は、どこまでも延々と変わらない。黄色くなりかけた針葉樹林が果てしなく大地を覆う。まさに文字どおり、シベリアには果てがないように思えるのだった。列車は、昼も夜も休みなく走り続けた。

そうして、イルクーツクから足掛け九日間——。

バイカル湖畔のセベロバイカルスクと、乗り換えのために降りたティンダという二カ所に泊まった以外は、ひたすらシベリアを横切り続けた。ぼくらはついに目的地であるハバロフスクにたどり着いた。

ごろごろしているばかりだったのに身体は猛烈に疲労していた。バックパックを背負ってみると、重さがズシッと身体に響いた。

「もうシベリア鉄道はごめんだな……」

そう思いつつ、重い足取りでハバロフスクに降り立った。

しかし着いてからしばらくすると、ハバロフスクという町が、自分の中のロシアのイメージを一気に華やかなものへと変えていることに気がついた。

ハバロフスクは、とても美人が多い町としてぼくには強い印象が残った。人だけでなく、町全体もきれいだった。整備された町並みには、こぎれいな西洋建築が並び、通り沿いには西洋の庭園風な整った芝生《しばふ》が配置されている。それが、晴れ上がった青空に美しく映えていた。環境の極めて厳しいシベリアを抜けて、やっと人間が自然に暮らす場所に戻ってきたという感じだった。

町の端の大きな公園の向こう側には川があった。風に揺れるその水面が見えたとき、思わずぼくは叫びそうになった。

「あれ、アムール川だよ！」

見るのは初めてだったが、それは学生時代からとても親しみのある名前だった。ぼくにとってアムール川は、オホーツク海に流れこむ川として記憶されていた。

ぼくは大学院のときに海氷に関する研究をしていて、オホーツク海は研究対象として少なからず関係があった。オホーツク海は海氷南限の海であるが、それはアムール川が流入するためである。アムール川から大量の淡水が流れ込むことにより、オホーツク海の表面に塩分濃度のとても低い層ができ、海は二層構造になる。すると水の対流が上の低塩分層にかぎられるようになり、凍りやすくなるのだ。

まだ二十代前半だった当時、研究室でそんな話を聞き続け、パソコン画面の地図上でアムール川を目にしていた。その川がいま目の前にある。地図では一本の線に過ぎなかったこの川は、実際には対岸がうっすらとしか見えないほど幅の広い川だった。そのことにぼくは感激していた。

この水が流れ着く先にオホーツク海があり、日本がある。川はいつもその先に広がる世界を想像させる。メコン川をチベットと東南アジアの両方で見たときも同じように感じた。あの水が流れる先で、人々はどんな暮らしをしているのだろうか。そう考えるだけで、世界が広がるような気がするのだ。

このときぼくらは、そのアムール川の流れに逆らって、西へ向かおうとしていた。ハバロフスクから少しだけ南西へ、オホーツク海と日本に背を向けながら川を上る。そして対岸に渡るのだ。

するとそこは中国となる。ぼくはこのとき、アムール川を中国とロシアの国境の川として意識し直すことになった。あの向こうには中国があるのだ。

ぼくらはここから再び中国へ戻ろうとしていた。

「久々にまた中国だね。勝手がわかってるし、なんか気が楽になるなあ」

「またあのトイレの世界か……。それだけがいややなあ」

ぼくとモトコは、それぞれに中国を思い出しながら、アムール川を渡る小さな船に乗りこんだ。

5 叔父の死

「おっちゃん、死なはったって」

泊まっていたゲストハウスのラウンジでメールを見たモトコがボソリと言った。

それは、アムール川を渡り中国に戻ってから、三週間近くがたった十月九日のことだった。中国を一気に西へと移動したぼくらは、このとき中国西部・青海《せいかい》省の西寧《シーニン》という町にいた。標高二二七五メートルという高地の町であることもあり、すでに寒さが堪《こた》える時期に入っていた。

モトコの父から届いたメールは、末期の癌《がん》で闘病していた彼女の叔父が亡くなったことを伝えていた。

メールを見るとモトコはそのまま、ネットをしていたラウンジから一人、部屋に戻っていった。彼女が受けているだろうショックは、顔を見せずに足早に立ち去るその様子から伝わってきた。ぼくは何も言わずにその背中を見送った。

叔父は当時まだ五十代。京都のモトコの実家の近くに一人で住み、モトコにとってとても身近な存在だった。二月に膵臓癌《すいぞうがん》が見つかったときには、すでに肺、肝臓にも転移していていつ何があるともわからないという状態だった。だからモトコは、上海を出る前にも何度か日本に帰っていた。ユーラシア横断直前に日本に帰ったときは、現実的に考えて、おそらくこれが最後に会う機会になるという意識はあった。モトコが今回日本を出てからどこかずっと旅に身が入らない状態だったのは、このことが大きく関係していた。

モトコの父親からのメールには、一行だけ書かれていた。

《今朝から危篤《きとく》状態だったが、今天国へ行った。午前11時15分、享年《きょうねん》58歳》

叔父が亡くなった直後に出されたものなのだろう。いかにもモトコの父らしい端的な文面だったが、その日の夜、少しだけ詳しい内容を書いたメールが届いた。それはこう始まっていた。

《今朝11時15分あの世へ行った。苦しい9月だった。癌の痛みは本人しかわからない。一人で抱えた痛みだったな》

叔父に語りかけるような短い一文一文が、胸に響いた。

それを読み、ぼくは考えた。もう旅をやめて本格的に帰ったほうがいいのかもしれないな、と。葬式だけ参加してまた旅に戻るということももちろん可能ではある。しかし、今回帰ったら、再び出発することはけっしてないだろうことはわかっていた。このとき自分たちにとって帰るとはおそらくそういうことだった。

モトコが何よりも心配していたのは、彼女の祖母のことである。京都の実家で幼いころからずっと一緒に住んできた祖母はすでに九十歳近い。実の息子を亡くして、さぞかし落ちこんでいるにちがいない。どこが悪いというわけではないものの、これをきっかけに一気に弱ってしまうのではないか。モトコがもし、祖母のことを思い、旅を続ける気持ちになれないというのであれば、もう帰るべきなのだろうとぼくは思っていた。

ただ、一つ救いがあった。それは、叔父が亡くなる三日前にモトコの妹夫婦に娘が生まれていたことだ。モトコの両親にとっては初孫で、祖母にとっては初のひ孫。まるで叔父と入れ替わるようにこの世に生を受けた姪《めい》っ子は、モトコの家族を否応《いやおう》なしに賑やかに忙しくしているようだった。モトコの父も、先のメールの最後に、ぼくらを安心させるためもあったのかもしれないが、そんなひと言を加えていた。《かわいいよ。じじばばばかになるで》。

祖母も、きっとその喜びと世話の忙しさで、叔父を失った悲しみを少しはまぎらわせ、もっともつらいだろう時期をなんとか耐え忍《しの》んでくれるのではないか。そう願った。いや、それでも今後、祖母に何が起こるかわからない。そんな大事なときに、自分たちだけこんな旅をしていていいのだろうか。いまのうちに、帰るべきなのではないか……。

モトコはきっと、そんなふうに思っているのではないかと想像した。

その気持ちはぼくにも痛いほどよくわかった。それは、ユーラシア横断を始めて間もないころ、ぼくの東京の家族についても同じような心配があったからだ。母親の体調が悪く、急激な体重の減少などから、みな、癌を疑っていた。「もし癌だったら、とりあえず帰ろう」。モトコともそう話していた。幸い母は癌でなかったことがモンゴルにいる間に判明したが、それを機に、そのようなことがいつ起こってもおかしくないことを自覚した。そしてそうした場合に自分たちがいないことで両親や兄弟に負担をかけることになるとすれば、そうまでして旅を続けることはもはや考えられなくなっていた。もう日本を出て四年もたつのだ。自分たちのしたいことは十分にやったと思わないといけないのかもしれない。そんな気持ちが徐々《じょじょ》に強くなっていた。

ぼくはすぐに、モトコの父にメールを書いた。

《もし何かぼくらで力になれることがあれば、帰ることはまったく問題ないので遠慮《えんりょ》なく

おっしゃってください。ちょうどいま西寧という大きな街にいるので、北京か上海経由で一日で関空へ帰れそうです》

するとと翌日、父から返事が届いた。そこにはこうあった。

《おばあちゃんは大丈夫だ。君たちは次回帰国時にお参りしてくれればいいよ。元気で気をつけて》

短くもいろんな気持ちが行間にこめられているような文面だった。モトコにも同様なメールが届き、それを見ると、ちょっと考えてから彼女は言った。

「たぶん大丈夫やと思うし、このまま旅を続けようか」

決心したようだった。帰りたい気持ちもあったかもしれない。でもモトコもきっと、帰ったらこの旅が完全に終わりになることがわかっていた。

「そうか。じゃあ、そうしよう」

とりあえず行けるところまで行ってみよう。ぼくも気持ちが固まった。そして同時にこうも思った。モトコの気持ちが変わったらそのときは従おう、と。

叔父が亡くなってから三日となる十月十二日。

ラマダンが明ける日がやってきた。

西寧にはイスラム教徒である回族が多く、東関清真大寺という青海省最大規模のモスクがある。ラマダン明けには、そのモスクに中国全土から多くの回族が集まってくると聞いていた。その様子を見るために、ぼくらはこの日まで西寧で待っていた。

朝八時前に宿を出て、ぼくらはバスでモスクの近くまで行こうとした。しかし停留所一つ分乗ると、降りざるをえなくなってしまった。

「ここから先は通行止めだ。あとは歩きな」

見るとモスクはまだずいぶんと遠くにあるのに車は一切入れない。大通りは相当な長い区間通行止めとなっている。その通りを、白い帽子をかぶった回族の男たちが次から次へと歩いていく。その流れにぼくらも一緒についていった。

モスクに近づくにつれますます人が増えていく。いつしか視界の果てまで白い帽子の回族の男たちで埋め尽くされた。ある年には一三万人が集まったというが、その日もきっと同じくらいいたのだろう。男たちは、それぞれ地面に絨毯《じゅうたん》を敷《し》き、遠くサウジアラビアのメッカの方向に頭を向け、通りのみならず、路地裏、ホテルのロビーなど、ありとあらゆる場所に、空間の限界に挑むように座っている。

祈りの時間が始まった。

静まりかえったなか、一〇万人がいっせいに祈り、同時に頭を地につける。一帯の時間が止まり目の前の一切のものが凍りついたように見えた。全員が同時に、座り、立ち、頭を垂《た》れ、耳の後ろに手を当てる。祈りの言葉とともにそれは十五分ほど続いた。

祈りが終わると彼らはいっせいに立ち上がった。見渡すかぎりの白い帽子たちがそれぞれ自由に動きだし、モスクからも大量の男たちがなだれ出てくる。ある者は談《だん》に花を咲かせ、また別の者は日中堂々と食べられる安堵《あんど》感を胸に秘め、小さな食堂へと急いでいるようだった。

その光景を、少し高くなった通りの端の段に登って眺めながら、ぼくはふと少し離れたところにいるモトコのほうへ視線を向けた。彼女がいまどんな気持ちでいるのかが気になった。出会ってすでに十年になるのに、お互い、気持ちはわかるようでわからない。きっとそういうものなのだろうとも思いながらも、ぼくは彼女の気持ちを推し量るように改めてその横顔をうかがった。

彼女は男たちを見つめていた。その表情は、少しずつ元気を取り戻しているようにぼくには見えた。ずっと抱えこんでいたらしい逡巡《しゅんじゅん》する思いが、消えたのかもしれなかった。

その様子を見てぼくは思った。うん、きっとまだまだ旅は続けられる。終わりがくるその瞬間まで、とにかく走り続けよう、と。

西寧を出発したのは、その二日後のことだった。

Ⅱ

聖地と極寒

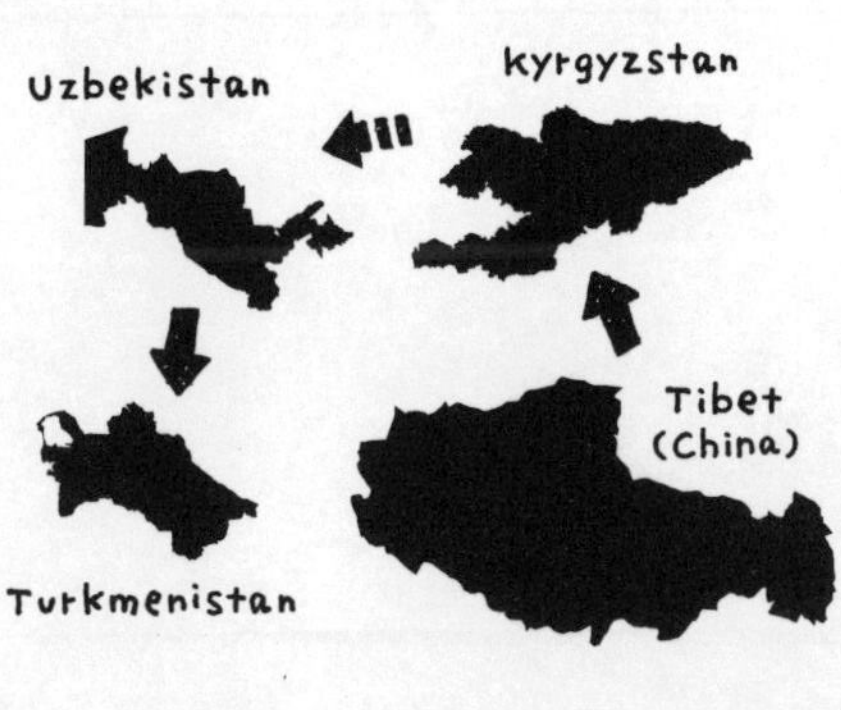

6 命懸けの道のり

中国西部・新疆《しんきょう》ウイグル自治区の中央には、広大なタクラマカン砂漠がある。南北四〇〇～五〇〇キロ、東西一〇〇〇キロにも及ぶこの砂漠の名「タクラマカン」の由来には諸説あるが、もっともよく知られているのが、「入ったら出られない、生きては戻れない」とする説である。

青海省・西寧からウイグルの中心都市・ウルムチをへたのち、ぼくらはこの砂漠を北から南へと縦断した。舗装された縦断道路が通っているので、何も特別なことではない。バスとヒッチハイクによって、途中二泊しながら、南側へと抜けた。

先の説を疑いなく信じられるほど、砂漠はどこまでも果てしなかった。見渡すかぎりパウダー状の細かい砂が続き、踏んだ感触はふわっとしていて足が吸いこまれる。大きな砂丘は高さ三〇〇メートルにもなるという。道路沿いには、防砂のための木が植えてあったが、ここで砂嵐が起きるときの恐ろしさは想像すらできない。

そのタクラマカン砂漠の南西の角あたりに零公里《リンゴンリー》という場所がある。ここはほとんどただのT字路の交差点で、通り沿いに食堂、宿、商店がぽつぽつと並んでいるにすぎないが、ここは新疆とチベットを結ぶ起点である。新蔵公路（新＝新疆、蔵＝チベット）のスタート地点、つまり「〇キロ」であることから「零公里」（公里＝キロ）と名づけられた。ここからチベットまで、道は延々と続いているのである。

砂漠の南側へと抜けたぼくらは、この道を通ってチベットに行こうと思っていた。チベットはこの砂漠の南東方向にあり、西へ向かうぼくらにとって完全に寄り道にはなるものの、このルートでチベットに行けることを知ったとき、すぐに行くことを決めたのだった。

ただ、零公里からチベットまでの旅は極めてハードだと聞いていた。チベットの玄関口となる阿里《アリ》へは零公里から一一〇〇キロ。三十時間かかるという。その上、なんといっても、標高一四〇〇メートルの零公里から、高度順応も何もなく一気に四〇〇〇メートルを超えるところまで上がるのだ。途中五〇〇〇メートルを超える箇所もあるという。まず間違いなく高山病にかかりそうだ。でも、現地の人はこれで行き来しているわけだし、まあ、死にはしないだろう……。

零公里からアリまでのバスは一日おきに出ているという。零公里に着いた日の夜もバスはあったものの、モトコが風邪気味だったこともあり、無理をするのはやめ、明後日を待つことにした。

しかしこんな辺鄙《へんぴ》な場所の道端なのに、泊まることになった安宿が案外快適なのには驚いた。

「シーツ、大丈夫そうやな。ちゃんと洗ってあるで」

モトコは、僻地の宿の汚さはすでにあきらめていたが、シーツが洗ってあるかどうかだけはいつも厳しくチェックしていた。零公里で見つけた道端の宿は、その「モトコジャッジ」もクリアして、「ここ、悪くないなあ」と言わしめるほどの状態だった。しかも部屋に無線ランまで入っていたのだ。

その宿に二泊して次のバスを待つことにした。その間に、高山病対策の薬を探しに行ったりと、準備を整えていった。

二泊した翌朝、いよいよ夕方のバスでチベットへ出発だと思いつつダラダラとネットしていたときのこと。宿の主人がぼくらのところにやってきて、こう訊いた。

「一時間後にアリまで行くトヨタがあるんだけど、乗っていくか？」

「トヨタ」というのは「ランドクルーザー」のことで、その所有者が自分で乗客を集めて金をとってチベットまで行く。じつはバス以外にもこういう選択肢もあったのだ。

バスの出発は夜だったので、昼ごろに出られるのだったら時間もぐっと節約できる。それにランドクルーザーで行くほうが速そうだし快適そうだ。そして何よりも安い。バスだと一人六〇〇～七〇〇元するところ、ランクルだと四〇〇元が相場なのだ。ちょうどいいタイミングで現れたこの機会を逃す手はない。

「うん、乗っていくよ」

即答すると、荷物をまとめてチェックアウトした。

「ラッキーだったな！　宿も居心地よかったし、チベットまで順調に行けそうだね！」

一気に気持ちが盛り上がった。


「すぐ行くぞ！」という雰囲気だったのに、なぜか思っていた以上にぐずぐずしたスタートになった。零公里を出たのが二時間遅れの午後二時のこと。さらに一時間ほど行った先の小さな村で三人の親子を乗せたのはいいものの、運転手は「車にＶＣＤを入れるからちょっと待ってくれ」と、車内のオーディオ部分をいじりだし、何やら分解し始めたのだ。

「なんでいま、こんなことする必要があるんだろう……」

そう思ったが、まわりの人を巻き込んで黙々と作業が進められる。VCDのデッキが入ったので、お、これで完成かと思ったら、映った画面は反転しているし、音も出ない。「なんでだ、なんでだ」とみなで相談が始まり、ようやく話がまとまって出発できたのは一時間半後のこと。そのときすでに四時半だった。

車内は八人（＋赤ちゃん）。なかなかきつい。みなウイグル人なので、会話はまったくわからない。そのうち何人かが片言の中国語を話すため、彼らを通じて多少なりとも状況を把握しようとした。運転手はその後もVCDのことが気になってしょうがないらしく、ちょこちょこといじりつつ「おかしいな……」と首をかしげながら運転する。

数時間もするとすでに標高はぐっと上がっていた。三〇〇〇メートルぐらいにはなっていただろうか。周囲も暗くなり、道はどんどん険しくなる。そしてひどく寒い上に頭痛が始まった。

「もしかしてもう高山病かな？　これがあと二十五時間とか続くのか……」

夜はどうやって過ごすのかということも気になった。もしやこのまま車の中で寝るのだろうか。

急激なカーブが続き、身体を支えながら「マジでキツイな」と思っていると、後ろに座っていた親子三人のなかの母親が途中で激しく嘔吐《おうと》した。しかも、その十分後には隣の旦《だん》那《な》がもらいゲロ。「グゲグゲーッ」というすごい音に思わず後ろを振り返ると、黒いビニール袋になみなみと液体がたまっている。それだけでは終わらず、その後も、もらいゲロ、連鎖ゲロが後ろで続く。そして先の母親と話していた女性Aが、今度は一緒に吐《は》いたのだった。二人ともぐったりしたものの、しばらくすると回復し、饒舌《じょうぜつ》なAが母親になにやら熱弁を振るい続けた。聞き上手な母親は、「うんうん」と必死に聞いているが、さすがに耐えきれず三度目の小ゲロ。しかし驚かされたのは、吐いている母親を前にしても話をやめないAの弾丸トークであった。

途中一度晩飯休憩があったものの、出発から十時間ほどがたつと、さすがに車内は、疲労感たっぷりとなった。道は未舗装のデコボコ道、外は一面真っ暗闇。車のヘッドライト以外は星の光と雪の反射だけが頼りという道程なのだ。しかも十時間たってもまだ半分も来ていない。「これは半端なくハードだなあ……」。モトコと顔を見合わせながら、何度も無意味な嘆きを繰り返した。

しかし、そんななか、ぼくは苦しさを忘れるほどの光景を目にすることになる。

小便休憩となり、漆黒《しっこく》の闇のなか、ぼくは車を降りた。気温は零下一〇度ぐらいには下がっていたのではないだろうか。頭痛もあり、「やべえ、これじゃ立ちション厳しいな」と厚着の服をほどくのも憂鬱《ゆううつ》に思いながら、車のライトだけを頼りに外に出た。そしてふと顔を上げたとき、ぼくは目の前の光景に文字どおり息が止まりそうになった。巨大な雪山が、本当にすぐそこにそびえていたのだ。それは、同じ世界のものとは思えないほどの強烈な存在感だったのに、なぜか手を伸ばせば届きそうな身近さが同時にあった。

「なんだよ、これ……。これが山なのか」

吸いこまれて落ちてしまいそうな真っ暗な空のなかに、満天の星と、山の白雪が、周囲をほのかに照らしていた。山はすさまじい迫力で迫ってくるのに、まったく音がしない。その静寂《せいじゃく》が、不気味であり美しかった。

「すごい……」

言葉にならない言葉が自然に出てきたが、声も吸いこまれそうな気がした。その姿に恐れをなすように、小便を終え、後ずさるように車に戻った。車が動き出してからもぼくの興奮は冷めやらなかった。

しかしその一方、車内の状態はますます厳しくなっていた。

あまりにも疲れきって、運転が危なっかしい運転手の様子を見かねたのか、ぼくの隣に座っていた、運転手の親戚《しんせき》の男が「おれが交代するから休めよ」とでも言ったのだろう、運転を交代した。ぶっ通しで運転し続けていたドライバーは、もはや誰が見ても危なそうだったので、彼がついに休憩できることになり、ぼくもほっとした。これで少しは安心だ、と。

だが、安心もつかの間。交代して十分ぐらいで、新しいドライバーが運転しながら寝てしまったのだ。うわっ！　と身体が大きく横に引っ張られたと思ったら、車の片側のタイヤが浮き、車内は「ひぇー！」と悲鳴に包まれた。

片側のタイヤは大きく浮き上がり、車も、ぼくらの身体も、かなり斜めに傾いた。漆黒《しっこく》の闇のなか、ライトに照らされた土の道路も、フロントガラスのなかで傾いた。

「うわ、横転する！」

そう思った瞬間、身体にゾクッと寒気が走った。ぼくは一瞬覚悟した——。

しかし次の瞬間、ドン！　という衝撃とともに、浮き上がったタイヤが再び地面に着いた。運転手はそれで目を覚ましたのか、はっと気がついたようにブレーキを踏む。スピードが落ちた。全身の力が一気に抜け、一度こわばった筋肉が、弛緩《しかん》すると同時に瞬時に疲労感を貯めこんだのが感じられた。

「バカヤロウ！　そんなにすぐ寝てどうすんだ！　おれよりあぶねーじゃねーか！」

元の運転手が、おそらくそんなことを叫《さけ》び散らした。「しかたない、どけ」。疲労しきった元のドライバーが再度代わり、強行運転することになった。

暗闇のなかを、再び白いランクルが走りだす。疲れはピークに達しているだろうが、スピードを落とす気配もないし、休む気配もない。大丈夫なんだろうか。このまま運転したらマジで全員事故死しそうだ。横転未遂《おうてんみすい》の感触が残り、眠ることもできずヒヤヒヤしながら見守った。寒さもすさまじいし、すでに標高も四〇〇〇メートルぐらいまで来ていたようで、いつ高山病の症状が出だすかもわからない。水をたくさん飲んで新陳代謝《しんちんたいしゃ》をうながしたり、深呼吸したりを繰り返したが、目の前で吐きまくっているウイグル人たちを見ながら、そんなのは気休めにすぎないような気がしてくる。

さらに一時間ほどは走っただろうか。深夜一時ごろ、乗客の親子三人の家に到着した。何もない真っ暗な荒野に彼らの家だけがぽつんと建っていた。車が止まり、ほっとした。家族は、「ああ、やっと着いたね、死ぬとこだったわ」とでも言っていたのかもしれない。

家族と一緒に、ぼくらも家でひと休みさせてもらうことになった。コンクリートむき出しの質素な家に入り、ストーブの前に集まってお茶を飲む。この空間でこのまま休めるその家族がうらやましかった。またおれたちはここから旅の続きかと思うと、気が重い。ああ、このまま行ったら今度こそ横転するんじゃないだろうか……。

すると、ぼくら以上に疲労していただろう運転手が、こう言った。

「ここで少し寝ていこう。二時間たったら起きる。それから出発しよう」

家族はすでに承諾《しょうだく》していたのだろう。「こちらへ」と奥さんが奥の部屋に案内してくれると、同乗の全員がなだれ込み、複数あるベッドに次々横になった。

「二時間だけだぞ」

ドライバーが念を押す。「ほんとに二時間で起きられるのかよ……」。そう思いながら、ベッドの上の布団の中にもぐりこむ。黄ばんで茶色くなった布団は触っただけで手がべっとりする。毛沢東時代から洗ってなさそうだった。しかし、ここまで疲労するともはやそんなことは気にならない。ぼくもモトコも、横になると一気に深い眠りについたのだった。

二時間で起きられるはずがなかった。気づいたときには、すでに四、五時間はたっていた。しかしまだ、運転手も他のみんなもまるで起きる気配はない。

結局みなが起き上がり、「出発だ」となったのは、朝七時のことだった。六時間も寝てしまったわけである。

外に出ると、東の空には太陽の光がうっすらと見えている。連なる山の黒いシルエットがくっきりと浮かび上がる。その太陽に向かって、ランクルはライトをつけて走り出した。

出発から十七時間たっていたが零公里からまだ三六〇キロしか来ていない。あと七五〇キロ近くある。

「三十時間って全然無理っぽくないか？」

残りの道のりを考えると気が重くなった。

高さはとりあえず登りきったのか、延々と荒涼とした平地が続いた。昨夜の漆黒の闇とは対照的に、朝の日差しが正面からとてつもない輝きで照りつける。空はどこまでも青く、道は果てしなく茶色かった。先に見える風景にはうっすらと白い靄《もや》がかかり、周囲は雪山に囲まれている。すべてが幻想的だった。

午前十時前には、四八〇キロ地点の大紅柳灘《ダーホンリウタン》に着いた。道沿いにわずかながらに店が並ぶだけだが、荒野のオアシスのような雰囲気だった。

「吃飯、吃飯（チーファン、チーファン）！」

ぶっきらぼうに運転手が言い、車を降りる。朝食だ。ドアを開けると、外はすさまじい寒さだった。

そのときのことだ。

一度店に入ったあと、小便をすべく外に出て適当な場所を探して歩いた。すると予想どおり、恐れていたものがいた。犬である。黒く細身で、目を血走らせた大きな犬がいたのである。目が合うや否《いな》や動きを止め、一瞬息を吸ったかのような沈黙が支配する。その直後、すさまじい勢いで吠《ほ》え猛《たけ》りながら走ってきた。

「うわあああ！」

あまりの恐怖に思わずぼくは絶叫した。

チベットの犬は本当に恐ろしい。とにかく人を見ると死にもの狂いで向かってくる。外見的にも、体毛がはげていたり大きな傷があったりと、とても健康には見えないものが少なくない。狂犬病が頭をよぎる。感染している犬に噛まれて発病すれば人は九九パーセント死に至るという。噛まれた場合は、ただちにワクチンを接種しなければ手遅れになることがある。しかしこんな僻地ではそれは容易ではない。噛まれたらまず間違いなく終わりではないか。そんな恐怖が常にあった。だから犬は猛烈に怖かった。

ぼくは全速力でダッシュした。しばらく逃げ続けると、犬は突然足を止めた。

「助かった……」

店に戻るとぼくは大きく脱力した。小便はひとまず我慢《がまん》して、とりあえずウイグル麵をかきこんだ。

この場所でさらに二人が降りた。車内は四人になり、ぐっと快適になった。ぼくもモトコも体調は悪くない。体力も回復し、お腹も満たされ、もうあとは楽な旅になるんじゃないか。そう期待した。

「高山病、もしかしてもう大丈夫なのかもね」

「うん、このままいけばいいんだけど」

しかしそれはまったくの幻想だった。まさにそこからが地獄の半日の始まりだったのである。

しばらく行くと、中国とインドの国境未画定地域らしきエリアに突入した。中国が事実上支配しているようで、車で通れるものの人の気配はほとんどなく、ただただ土と雪山の荒涼とした絶景が続く。

そしてこのあたりから、いよいよぼくもモトコも頭痛と吐き気に襲《おそ》われ始めた。

「ちょっと酔ったかな」

最初はそう思う程度の不調だった。しかし、こりゃ高山病だなと確信するまで、そう時間はかからなかった。頭痛も吐き気も、これ以上ないほど強まってきたのだ。

「吐きそう、マジで吐きそう……」

「もう、あかん……。めっちゃつらい……」

後部座席でぐったりしながら言い合った。水を飲んで、深呼吸を繰り返したが、そんな古典的手法はもはやまったく通用しない。ウイグルで買っていた高山病の薬も飲んでみたが、効く気配はない。

「気持ち悪いから、止まってくれないか」

止めてもらって車を降り、必死に新鮮な空気を吸おうとした。しかし寒さが半端なく、何分と外にいることはできなかった。

耐えるしかなかった。平地が続き、ドライバーは七、八〇キロ程度で飛ばし続ける。昨日とはまったく違う距離の稼ぎ方でどんどん先に進んでいく。途中一時、標高は五二〇〇メートルにまで上がっていたらしい。それがいかなる領域なのかは、身体の反応で感じられた。

午後四時半、ドマル。唸《うな》り苦しみながらようやく人の気配のする場所までたどり着いた。目的地のアリまで、残り二八〇キロほどになっていた。

すでにこのとき、ぼくもモトコも完全に死に体《たい》だった。寒気、頭痛、吐き気。どれも強烈で最悪の体調だった。

「もうだめだ……」

ドマルで夕食となったが、食べる気などまったくしない。ぼくは食堂の外に出て、指を口に突っ込んで吐いた。朝に食べたウイグル麺が飛び出した。そして何度目かには、胃液と、悲鳴のような音だけになった。出るものがなくて涙も一緒にポロリとこぼれた。その横でモトコは、指を突っ込むのはいやだと言って吐かずにひたすら耐えていた。

「もうすぐだよ。あと四時間だ」

飯を食べ終えて店から出てきた運転手は、そう言った。四時間か……。励まされるような、泣きたいような気分になる。

そして車は走り続ける――。

残り一二〇キロ。ついに舗装路になった。振動が急激に少なくなる。それだけでぐっと楽になった。

「もうすぐだ。早く着いてくれ、早く降ろしてくれ」

真っ暗闇の外を見ながら、それだけを念じた。しかし運転手が最後にまた妙なことを言い出した。

「タイヤの空気を入れるよ」

なぜいまここで、そんなことしなきゃいけないんだ。いたって快調に走っているのに。嫌がらせしているのだろうかと思うほどのわけのわからないタイミングだった。

空気を入れ終え、いよいよアリは目の前だった。しかしまだ関門はあった。最後の公安(＝警察)チェックである。ぼくもモトコも降ろされて、荷物チェックが行われる。その間、公安の詰所で待っていると、驚いたことに、公安の一人が運転手に酒をすすめているではないか。

「この酒はいいぞ、飲んでけ、飲んでけ、ガハハハ」

運転手は「いや、いいっす、いいっす」と、必死に断っていた。そのやりとりも自分の体調も、すべてが非現実的なものに思えた。そんな状況で、ぼくらはなんとかアリに着いた。夜九時半になっていた。

宿探しを運転手に手伝ってもらい、なんとかそこそこの宿が見つかった。そして倒れこむように、ぼくらは眠りについたのだった。

運転手と別れるとき、お礼を言いながら訊いてみた。いつ、零公里に戻るのかと。すると、彼は驚くべきことを言った。

「客が入れば、明日帰るよ」

常人のわざとは思えなかった。

7 カイラスの聖人

アリへの地獄の道中で猛烈《もうれつ》に苦しんだぼくは、しかしアリの宿で一晩寝たら急激に回復した。一方、車の中ではぼくほど悪くなかったモトコは、アリに着いてから状況が悪化した。しばらくベッドから起き上がれなくなり、その後、普通に動けるようになるまで三日ほどかかった。高山病は、待っていれば必ず治るというものではない。重症の場合、低地へと早く戻らないとそのまま死亡することもあるという。回復しただけでもよかったと思わないといけないのかもしれない。結局、十分な回復と高度への適応を待って、四、五日ゆっくりアリで過ごすことになった。

アリから向かうべき場所は二つあった。一つはグゲ遺跡（千年前に栄えたグゲ王国の遺跡）、もう一つはチベット仏教やヒンドゥー教の聖地カイラスである。グゲ遺跡も相当にすごいと聞いていたけれど、ここまで来た一番の目的はなんといってもカイラスだった。

聖なる山、カイラスは標高六六五六メートルの未踏峰《みとうほう》。その周囲をぐるりと回る巡礼をするために多くのチベット人らがここを目指す。巡礼路は途中高度五六〇〇メートルにまで上がる。

雲南省の昆明に住んでいるときにカイラスの話を聞いて、いつか来てみたいと思っていた。カイラスは、旅行者にとっても憧れの地だ。以前は舗装されていない道を何日も何日もかけてひたすらヒッチハイクで行くしかなかったため、旅人にとっても聖地のような存在だったと聞く。ぼくは話を聞くたびに、いつか行きたいと強く惹《ひ》かれた。

しかしその機会を作れないまま昆明を離れ、上海も離れてしまった。ユーラシア横断の旅を始めたときには、横断中にその機会が訪れるとは思ってもいなかった。しかし、西寧の宿で会って親しくなった日本人旅行者の大沢さんから、ウイグル経由でもチベットの西部へと入れる、そこからカイラスにも行けるらしい、ということを聞いて心を決めた。この機会を逃したら一生行けないような気がした。

ただし、問題があった。季節だ。西寧にいたときすでに十月で、チベットに着くころには十一月になりそうだった。十一月のチベットは猛烈《もうれつ》に寒いにちがいない。そんな時期に標高五〇〇〇メートルの山道で、ぼくらのようなまったくの山の素人《しろうと》がちゃんと立ち振る舞えるのだろうか。天候が悪かったらシャレにならないことになるのではないか。

アリにいたときすでに十一月に入っていた。寒さは厳しかった。その上、もう一度大雪が降ったら道が閉ざされてカイラス行きは不可能になるという。急がなければならない。だが、高山病がやっとマシになったばかりだったこともあり、いきなりカイラスに直行して巡礼路を歩くのは無謀《むぼう》な気がした。何しろ巡礼路は五二キロもあるのだ。

よく話し合った結果、とりあえず行きやすいグゲ遺跡に行くことにした。

「その間にカイラスへの道が閉じてしまったら、もうあきらめようか」

せっかくここまでやってきたのにそう思ってしまうほど、そのころぼくらは高山病によって弱気になっていた。

グゲ遺跡そばのツァンダという村までは、アリから距離にして三〇〇キロ、バスで八時間かかった。ツァンダで一泊した翌朝、さらに二〇キロほど車に乗ってグゲに着いた。

周囲には見渡すかぎり黄土色の山が広がっている。こんな地の果てのような場所で栄えた王国があったことに驚かされる。城のような巨大な遺構《いこう》には、建物や階段、窓の形などがしっかりと残されている。目をつぶると、この階段を荒々しく駆け上がる男たちの姿が想像できるような気がした。

しかし何といっても驚愕《きょうがく》したのは、人の死体で埋め尽くされた洞穴《どうけつ》の存在だった。土の崖《がけ》のようなところに開いているその洞穴に入ってみると、足を一歩進めるたびに、「バキッ」「バリッ」と音がする。ライトで照らすと、足元には、人の骨、衣服、足などが、床一面に敷き詰められていた。乾いた腐臭《ふしゅう》というようなニオイが強烈に鼻を突いた。

何百年前のものかわからない衣服や髪の毛が、文字どおりそのまま残っていることに、声にならない衝撃を受けた。しかも、管理されているわけでもなく、誰でも入れるような状態でほったらかしになっているのだ。

グゲで起きたある戦いの際に敗れて殺された大勢の兵士たちの死体らしいとどこかで聞いた。近くにあった案内板にはこんなことも書いてあった。洞穴内には完璧な死体は一つもない。どの死体にも頭蓋《ずがい》がない。ただその理由はわかっていない、と。

荒涼とした黄土色の景色の中、雲ひとつない空からは強烈な太陽だけが延々と降り注ぐ。おそらくいま自分が見ているのとほとんど変わらない風景の中を、何百年も前、この穴の中に打ち捨てられた頭部のない人間たちが駆け回っていたことを思うと、身震《みぶる》いがするような不可思議な気分に包まれた。地獄のランクル道中をへて、本当に異次元の場所に来ていることをぼくはこのとき実感した。

いよいよカイラスだ――。

体調は大丈夫だった。まだ雪も降り出していなかった。荒涼としたグゲの風景を見てますます気持ちを高ぶらせながら、ぼくらはカイラスへと向かった。

グゲ遺跡のそばのツァンダから、カイラス巡礼の拠点となる村タルチェンまでは、車で六時間以上かかった。荒野を切り開く直線道路をひたすら直進したあと、途中で車は道路から左手にそれて平原の中を突っ走る。雪をかぶった地面の上に、ぼんやりと集落が見えてくる。それがタルチェンだった。

カイラスの南側の麓《ふもと》に位置し、標高は四六〇〇メートル。そのタルチェンからカイラスはもう目の前のはずだが、カイラスらしき山は見えなかった。

「雲に隠れているのかもしれないな」

空は一面、真っ白だった。そして、車を降りると、寒さが半端《はんぱ》じゃなかった。

「うわ、寒い……。グゲやアリに比べてもずっときついなあ」

上も下にも持っているものはすべて着るほど厚着で臨んだが、それでも肌を刺すような空気が容赦《ようしゃ》なく全身を包む。到着したのがすでに十七時で薄暗く、ほとんどひと気がなかったことも寒さを余計に厳しく感じさせた。

「とりあえずどこかに入ろう」と、車を降りてすぐの大きな倉庫のような宿に部屋をとった。部屋にはストーブがあり、魔法瓶《まほうびん》にお湯をもらった。温かいお茶を飲むと、凍《こお》りつきそうだった身体が内側から弛緩《しかん》した。

気温はマイナス二〇度ぐらいまで下がっていたかもしれない。訊けばちょうどその日から雪が降り出したとのことだった。時期は本当にギリギリだった。雪とともに寒さもこの日からぐっと厳しくなったらしく、巡礼路を歩くには極めてハードな条件になっていることが想像できた。

カイラスは、現地では「カン・リンポンチェ」と呼ばれ、チベット仏教、ヒンドゥー教、ジャイナ教、ボン教の聖地とされる。十一世紀に吟遊《ぎんゆう》詩人であり修行僧であったミラレバが山頂に登ったという伝説があるのみの未踏峰で、そのまわりを一周する五二キロの道が巡礼路となる。信徒たちは、この巡礼路を歩く（＝コルラ）ためにやってくる。両手、両膝、額の五カ所を順に地面につけながら進む「五体投地《ごたいとうち》」という礼拝をしながらコルラする人もいる。遠い町から五体投地をしながら年単位の時間をかけてカイラスまで巡礼に来る人もいると聞く。

翌日起きると、外は一面銀世界。ときどき晴れ間は見えるものの、天候はすぐに変わり、とても巡礼路を歩ける状況ではなさそうだった。

そこでもう一日待つと、その翌日、ようやく青空が広がった。

「よし、今日行こう」

天気は変わりやすい。数時間後どうなっているかはわからない。しかし、日に日に寒くなるのも間違いなかったし、いつまた晴れるかもわからなかったので、とにかくいま行くしかなかった。

チベット人たちは一周五二キロの道のりを一日で歩ききってしまうというが、一般の旅行者にはそれは厳しい。普通はカイラスのちょうど北側にある寺院で一泊し、場合によっては、さらに別の寺でもう一泊して一周するのが標準的とのことだった。

地図で見ると、カイラスの南側のタルチェンから北側の寺院まではちょうど半周に見えるが、距離的には二二キロほどらしい。そこまでの道はほとんど平坦なため、五、六時間もあれば問題なく行けるという。とにかく天気が崩れないことを祈りながらタルチェンを出発した。北側にあるカイラスを右手に見ながら、巡礼路を時計回りに歩き始めた。

村を離れ数十分もすると、完全にひと気はなくなった。進行方向左側、つまり南側を見ると、そのあまりにも果てしなく広大な風景にくぎづけとなった。白い雪が降りかかった足元の大地は視界の果てまで南に延び、すぐ真上にある空は白と青がまだら模様をつくりながら同じく視界の果てまで延びている。そして、大地と空が結びつく線上には、白い雪山がずらりと一直線に並んでいる。

「うわあ、すげえなあ。ヒマラヤだ……」

薄い空気のなかで、ゼェハア、ゼェハア、キツいなあ、あと五時間も歩けるのかな……などとぼやきながら、ぼくは何度も風景に目を向けて感嘆した。一方モトコは、無駄な体力を使わないためか黙々と歩き、写真を撮りながら歩くぼくの先を行った。

「タルチェンを出てすぐでこんなにきれいなのだから、この先は本当にすごいんだろうな」

そう思い、まだカイラスの何を見たわけでもないのに、カイラスが聖地たるゆえんが自《おの》ずとわかるような気がした。そう感じながら、ぼくはある人のことを思い出していた。この前日、タルチェンで話を聞いた一人の中国人のことを——。

ぼくらが泊まっていた宿にはほかに宿泊客らしき人の姿は見えなかったが、近くにあった他の宿には、複数の旅行者が泊まっていた。しかも驚いたことにそのなかには、ぼくらがカイラスへ行くきっかけを与えてくれた大沢さんがいたのである。西寧で会って以来、彼もカイラスに行くことは知っていた。でもまさか同じ日にこの場所にいるとは思わなくて、お互いうれしい再会に感激した。

ほかにも日本人や中国人の旅行者がいて、タルチェンに着いた日の夜は、彼らの宿でみなで遅くまで話しこんだ。そのとき大沢さんが教えてくれたのが、隣でストーブの火を調節したり、食事の準備を手伝ってくれたりしていた中国人男性のことだった。彼はこの宿のオーナーだという。大沢さんが言った。

「この人、どうもすごい人らしいんですよ。北京の人らしいし、なんでここで宿をやっているのかはわからないんだけど……」

男性は余計なことはほとんど言わず、穏やかな顔で黙々と薪《たきぎ》をくべたり、片づけをしたりと動き回る。メガネをかけ、飾り気がなく、どこか理知的な雰囲気の、不思議な存在だった。彼はどうしてこんなところで宿をやっているんだろう。気になって、ぼくはその翌日、彼に「話を聞かせてくれないか」と尋ねてみた。彼は、「ああ、いいですよ」と快諾《かいだく》し、ポツリポツリと話し出した——。

任懐平《レンファイピン》、五十三歳。北京出身の漢族で、この土地にはもともとまったく縁はないという。なのになぜ、こんな地の果てのような土地に一人で暮らしているのだろうか。

「カイラスに魅《み》せられたんです」

穏やかな表情で静かに彼はそう言った。

任さんはそれまで、北京の大学で教鞭《きょうべん》を執《と》っていた。そして自らの会社も持っていた。妻はドイツで大手電機メーカーに勤め、息子はアメリカに留学中。まさに典型的な中国のエリート一家だ。いまの姿からはまったく思いもしなかった彼の経歴に驚いた。豊かな生活を送っていただろうことが容易に想像できる。ただ、それが彼の求めていた幸せではなかったのかもしれないこともまた、その口調から想像された。

任さんは一九九六年に仏教徒になった。その理由を彼は「縁があって」と表現した。そしてその八年後の二〇〇四年に初めてカイラスにやってきた。そのとき強烈にカイラスに惹かれ、翌年再び戻ってきたときには、彼はすべてを一変させる決断をした。大学を辞め、まだ立ち上げて二カ月ほどだった光ファイバーの会社も人に譲った。家族には反対されたが説得し、カイラスへ戻り、タルチェンで一人で暮らしだしたのだ。

「カイラスに本当に強く魅せられたんです。加えて、チベットの孤児の存在を知り、何かその子たちのために力になりたい、と思ったのです」

その言葉どおり、彼はそのときカイラスの麓《ふもと》に孤児院をつくるべく尽力《じんりょく》していた。付近の地域に二三人の孤児がいる。その一人ひとりに毎月五〇元（約七五〇円）ずつの生活費を工面《くめん》し、一年ほど後、孤児院が完成した暁《あかつき》には、そこに住まわせることになっているという。

「中央政府からの許可は下り、いまは資金集めをしています。政府は賞賛も反対もしないけれど、同意はしてくれました。本当は政府がやるべきことなんですが」

その資金作りの一環として彼は旅行者用のささやかな宿を開いたのだ。二段ベッドを三つ、四つ並べ、そこに旅行者を泊まらせながら、彼も同じ部屋に寝起きしていた。

任さんの暮らしは、朝、暖炉《だんろ》を暖めることから始まる。そして川に水を汲《く》みに行き、旅行者の世話をし、地元のチベット人たちのためにできることをやる。風呂は数カ月に一度のときもあるというほど不便な土地でのどこまでも簡素で献身的な生活なのだ。

「孤児のことを知って、誰かが力にならないといけないって思ったんです。ぼくの家族はいまは北京にいないし、自分にはそれができると思って」

そう話し、微笑みながら黙々と働き続けた。話していると彼のもとに、ときおりチベット人たちがやってくる。任さんは、丁寧に一人ひとりに応対し、薬を渡すなどできることをやっていく。彼が村人たちに信頼されている様子が見てとれた。

任さんはカイラスに本当に惹かれていたようだった。彼の話を聞きながら、ここにはそれだけの何かがあるのかもしれないと思った。しかしそれでも、ただそれだけで彼の行動を理解できる気はしなかった。仏道の力によるのか、現代の中国社会の何かを反映しているのか、またはより個人的な理由があるのか。きっとそう簡単には説明できない何かがあるにちがいない。ぼくは勝手に想像しながら、聖人を思わせる彼の静かで献身的な行動の一つひとつを眺めていた。

——それとも、自分で巡礼路を歩きだし、カイラスを取り巻く風景を眺めたら、あるいは任さんが言った言葉を、そのまま受け取ることができるのだろうか。いま目の前に見ている風景はそれほど美しかった。

まだカイラスの姿は見えてこない。ここでこれだけ美しいとすれば、この先に待っている風景は、人の生き様を変えるだけの甚大《じんだい》な引力を秘めているかもしれない。

そう思いつつ歩いていると、ぼくの身体はだんだんと温かくなってきた。

8 カイラス巡礼

「空が本当に近いなあ……」

ひょいと手を伸ばせば雲に手が届きそうだった。

人の気配はまったくないものの、足跡はどこまでもまっすぐに延びている。こんな季節でも確実に巡礼者たちが歩いているのだ。ところどころに石が積み上げられ、石の上にチベットの文字が刻まれている。祈禱《きとう》旗であるタルチョが、青、白、赤、緑、黄の五色の旗をバタバタとなびかせている。

出発から三時間もしたころには、進行方向はおそらく完全に北向きになっていた。両側に険しい山を見ながら、その間に延びる真っ白い雪道をぼくらはひたすら歩いていた。

途中、左手側つまり西側にある山の斜面に小さな赤いゴンパ（寺院）が見えたあたりで、ビスケットをつまみつつひと休みした。

しかし、十分もしないうちに急激に身体が冷えだした。空気はあまりにも冷たい。このままでは凍《こご》えてしまう。もうこれは止まらずに、とりあえず今日のゴールとなるカイラス北面のゴンパまで行ってしまおうと決めた。北面のゴンパは、スタート地点のタルチェンから五、六時間というから、あと二、三時間もあれば着くはずだった。ぼくはモトコに言った。

「北面に着いてからゆっくり休もう。もうすぐだよ」

あと数時間だと意識し始めたころ、持っていたガイドブックにあった記述が気になりだした。そこにはこんなことが書かれていた。

《巡礼路沿いに川がある。その川の左側を歩くこと。ゴンパは川の左岸にあるため、もし右側を歩いてしまったら最後に川を自力で横切らないとゴンパにはたどり着けなくなる。橋はないので注意すること》

川は南北に走っている。北に向かって歩いているので、左側とは、西側だ。円状の巡礼路の外側にあたる。最初に小さな川らしきものが見えたとき、ぼくらは指示どおりその左側を、つまり川を右手に見ながら歩くように気をつけた。

しかし水の流れはときにかなり細くなり、また雪が積もったりしていたため、見失うこともあった。いったいどれが川なのかわからなくなることもあった。足跡も一筋ではなくなり、どこを歩くべきなのかもはっきりとはわからない。

大丈夫かな、と思いながらもとりあえず進んだが、気づいたらまずい展開になっていた。知らぬ間に渡れないほど幅広くなった川が雪の下から突然姿を現すと、ぼくたちはその右側にいたのだった。

「うわ、やっぱりこの展開だ。やばい、どうするよ……」

先を見るかぎり、川はどこかで急激に細くなる雰囲気はない。むしろだんだんと太くなっているようにも見える。戻るにしても、どこまで戻ればいいかも見当がつかない。このまま歩いていって川を渡ることができなかったら、ゴンパが対岸に見え、川を泳いで渡らないといけなくなるらしい。こんな極寒のなか、そんなことは不可能だ。そしてもちろん、ゴンパにたどり着けないで夜を迎えてしまったら、それこそ恐ろしいことになる。

「この辺でなんとか渡るしかないな。どこか細いところないのかな」

そう思って、少しでも川幅の細いところを探して歩いた。しかし、ない。流れは速く、水はこの上なく冷たそうだった。しかたない。ぼくは決断した。

「川に石を投げて橋をつくろう。そんなに深くないし、たくさん投げれば渡れるようになるんじゃないかな」

「そんなんできるかなあ……」

モトコは半信半疑だったが、とりあえずやってみるしかない。モトコにはしばらく休んでいてもらい、ぼくは雪のなかから大きな石を掘り起こして、一つずつ、川のなかに投げ入れていった。ジャボン。ジャッポン。ジャッパン……。

石は水のなかに豪快《ごうかい》に落ち、適当なところにおさまった。深いところにゴロゴロと転がっていってしまうものもあったが、確実に川底は浅くなっていくはずだった。深いところでも膝《ひざ》までぐらいに見えたので、気長にやれば、きっといけるはずだ。そう思いながら、ぼくは雪を掘り返しては石を持ち上げ、投げ入れた。

しかし、投げれば投げるほど、ぼくは絶望の境地に立たされた。それなりに積み上がった箇所もあるものの、新たな石を投げることでそれが崩れるときもあり、よく見るとほとんど進展していないのである。

「こりゃ、無理だ……」

ぼくは大きくため息をついた。いまさらだが、橋をつくるなんてことがとてもできそうにないことに気づかされたのだ。しかも三十分以上もこのインスタント橋作りに格闘した挙句《あげく》、橋ができないどころか、それ以上の悲惨な展開になってしまった。

「あ！」と思った瞬間、足元の川岸の凍った雪面が崩《くず》れ落ち、ぼくは両足ともに川のなかに落ちてしまったのだ。まずい、と思ったときにはもう遅かった。履《は》いていたスニーカーは完全に水没し、靴下にまで水が染み込んだ。足は半ば凍りつきそうになった。

「うわあ、つめてー！」

足を必死でもんだり動かしたりしたが、焼け石に水。本当にまずいかもしれない、とぼくは思った。これはもう、とにかく早く目的のゴンパに着くしかない。しかし、濡れた足の冷たさが半端じゃなく、無駄に終わった橋作りによる体力消耗も激しかった。またこのまま歩いていってゴンパが見えても、最後には標高五二〇〇メートルで川のなかをジャボジャボ歩いてまたは泳いで対岸まで渡らないといけないかもしれない、というプレッシャーがのしかかった。

体力的にはすでに相当疲弊《ひへい》していて、二人とも、話す気力もなくなった。そのうち、雲行きが怪しくなった。青空は一瞬で姿を消し、空は一気にグレーの雲で覆われる。強風のなかで降り出した雪は、吹雪《ふぶき》となって強烈に吹きつけた。

ぼくは不安に襲《おそ》われた。身の危険すら感じ始めた。

再び晴れだすことを願いながら、一〇〇歩ずつ歩いてはひと休みすることを繰り返した。一〇〇歩という小さな目標をつくることで、なんとか前進していけるようになった。モトコもとにかく吹雪地帯を抜けて一秒でも早くゴンパに着きたいのだろう。無言のまま黙々と進んでいく。最初はぼくが「大丈夫か」と彼女の様子をうかがっていたものの、途中からは自分よりもだいぶ先に行かれ、「おーい、待ってくれよ……」と情けなく心で叫ぶ立場になっていた。

ありがたいことに天候はすぐにまた変わった。雲は激しく動き、吹雪のなかを一時間近くも歩くと、晴れ間が見え出し、ときに太陽が姿を見せた。そして太陽が出ると、身体もぐっと温まった。

カイラスの真西あたりを歩いているとき、ぼくらは初めてはっきりとその山の姿を見た。これまで周囲の山に隠れていた聖山が、ついに眼前に現れたのだ。白い煙のような雲の間で、太陽の光を浴びたカイラスの西面が白く茶色く輝いている。雪をかぶった白い上向きの面と、岩がむき出しとなっている茶色い下向きの面が交互になり、荒々しい縞模様《しまもよう》をなしていた。

「カイラスだ……」

真下から見上げるような格好で見たその姿に、極度に疲れながらも圧倒された。その山頂が徐々に自分たちの右手後方に移動していくことにわずかな希望を見出しながら、歩を進める。

「もうすぐだよ。もうすぐ」

そう自分に、モトコに、言い聞かせながら、一歩一歩先に進んだ。すると前から何人かのチベット人がやってきた。「タシデレ（こんにちわ）」と挨拶《あいさつ》をしたあと、ぼくは尋ねた。

「ゴンパまではあとどのくらいありますか？」

男の一人がすぐ答えた。

「あと一時間ぐらいかな」

え、まだそんなにあるのか……。ぼくもモトコも、がっくりした。ただ、その一方、彼らが、川に対して自分たちと同じ側を歩いていることに気がついて、ぱっと気持ちが明るくなった。そしておそるおそる訊いてみた。

「この先に橋はあるんですか？」

すると男がこう言った。

「あるよ。もうちょっと先に行ったら見えるよ」

なんと、橋はあったのだ！　持っていたガイドブックのコピーの情報が古かったのか何なのか、とりあえずは助かった。安堵《あんど》すると同時に、あの橋作りはなんだったんだ、と急に忌々《いまいま》しくなってきた。しかしいずれにしても、これでなんとか生きてゴンパにたどり着けることがわかったのだ。

しばらく行くと木で造られた橋がたしかにあった。さらに何十分も歩いたのち、ついにゴンパにたどり着いた。石でできたコの字型の簡素な建物が、まるで宮殿のように見えた。激しく弱り冷えきった身体をとにかく温めたくて駆け込んだ。しかし中にはひと気がない。「ニーハオ！　ニーハオ！」。大声で叫んでも反応はない。

「おかしいな、誰もいないっぽいよ……」

もしかして、と思い、斜面のさらに上のほうにあった赤い建物のほうに向かって「ニーハオ!!」と叫んでみた。すると建物のなかから赤いローブをまとった僧侶が姿を見せ、招き猫のような手招きをした。それはまさに、天上から下りてきた神様のように見えた。

だが、「神」のもとまでにはまだ最後に大きな斜面が待っている。もう到着した気でいたので、え、まだここを登るのかよ、とショックを受けた。モトコも「え……！」と一気に顔を歪《ゆが》めさせた。

「もうすぐだよ、がんばろう！」。そう言いながら、なんとか上がった。すると最後に階段が見えてきた。上で僧侶がにこやかに笑っている。ただ、ぼくもモトコも、もうその階段を上がる力は残ってなかった。僧侶が下りてきた。無言で手を差し出し、ぐっとぼくらを引っ張り上げた。その手の力強さと温かさを感じつつ、足を引きずり肩で息をしながら、一段ずつ上がっていった。そしてようやく登りきると、ついにストーブの火が見える温かな空間に入ることができた。崩《くず》れ落ちるように座りこんだ。

「ああ、あったかい……」。ぼくは心から安堵した。モトコは感極まって涙を流した。そのときすでに夜の八時前になっていた。普通は五、六時間で楽に行けるはずのところを八時間半もかかってしまった。

「さあ、これを」

若い僧侶があったかいお湯を持ってきてくれた。その中に足をつけながら、熱々のトゥクパ（チベットの煮込みうどん風の麵）をわけてもらい、掻《か》き込んだ。それを食べ終えると、一歩たりとも移動する気力がなく、そのままチベット式のソファベッドに横になり、意識を失うように眠りについた。

翌朝。目覚めると、窓はかすかに光を採り入れ始めていた。身体と頭が少し痛いものの、なんとか動けそうだ。そう思いながら、トイレに行くために建物の外に向かった。

昨日手を引かれながらなんとか上がった階段を、少し軽やかな足取りで下りて、木の門を開けて外に出た。まだ日が昇り切っていない標高五二〇〇メートルの朝は、身体に突き刺さるような冷たさに満ちていた。その中を「小便せずに寝ちゃったからな、さすがに漏《も》れそうだ……」と思いながら、足早に歩いてトイレに向かった。そのとき視界の端に、白く輝く山が見えた。「あ」と思い、そちらに視線を向けたとき、ぼくは身体の震えが、寒さによるものから感嘆によるものに変わったことに気がついた。

カイラスだった。

すべてが真っ青に染まるなか、カイラスの北面だけが、昇りかけた日の光を受けてくっきりと真っ白く浮かび上がっていた。

それはまるで別世界の生き物のように、その場所に君臨《くんりん》していた。周囲は完全な静寂に包まれ、広大な宇宙のなかに自分とカイラスだけが向き合っているような気分になった。

このとき、何も考えることなく、この山が聖地となった理由を身体が理解していた。なぜ人々がこの山を崇拝し続けてきたのか。なぜ任さんがこの地に移り住んできたのか。理屈ではなく、このときすべてが納得できたような気がした。

「これがカイラスなのか……」

ぼくは一瞬、用を足すことも寒さも疲労もすべてを忘れた。昨日の苦労がこの瞬間のためにあったことを思い知った。カメラを取るために木戸の向こうの階段を、ぼくは再び駆け上がった。

9 無言の二人

カイラス巡礼二日目の朝——。

外で見たとてつもない迫力のカイラスに、ぼくはしばらく呆然《ぼうぜん》としていた。この先に行ったら今度はどんなすごい景色が見られるのかと想像した。

しかしこの日、ゴンパで目覚めたときにはもう、昨日来た道を戻ることを決めていた。一周五二キロある巡礼路のまだ半分も来ていないし、標高五六〇〇メートルにもなる最高地点「ドルマ・ラ」があるのもこの先だ。ドルマ・ラこそ、巡礼路最大の難所でありクライマックスであるらしいため、ここを越えずに戻ることは残念だった。そこから望めるだろうカイラスも見たかった。しかしぼくらは雪が降り始めた時点で、そこまで行くことをあきらめていた。

「雪が降ったらドルマ・ラ越えはほとんど不可能だ。しかもそんなスニーカーでは本当に危険だよ……」

万全とは言いがたいぼくらの服装を見た地元のチベット人にそう言われていたのに加え、最近、インド人の巡礼者がドルマ・ラのあたりで吹雪に遭《あ》って亡くなったとも聞いていた。さらに本音を言えば、景色が見たくとも、昨日の経験を思い出すと、あれよりきつい行程などとてもじゃないが無理だと思った。戻るよりほかにしかたなかった。

ぼくもモトコも、幸い、昨日寝るときにひどくなっていた頭痛も寒気も朝にはおさまっていた。しかしいつまた高山病のような症状に襲われないともわからない。体調がいいうちに動き出そう。そう思い、カップラーメンを食べて十時過ぎに出発した。昨日来た道を逆に歩き出した。

地面に雪は積もっていたが、空はすっかり晴れ渡っている。知っている道を戻っているだけだったから昨日とは全然違う余裕があった。険しい岩山の上に降り積もった雪も、この日は、ケーキの上にまぶされた粉状の砂糖のように柔らかく見えた。

それでも後半はかなり疲れた。二人とも足取りは重く、疲労は目に見えて増してきた。五時間ほど歩いた。それから一時間ほど登りが続き、登り終えるとついにタルチェンが見えてきた。「あともう少しだ」。そのことに確信が持てて気が楽になった。そして、「少しだけ休もう」と五分ほど石の上に座って休憩した。だが、そのとき二人の間の空気が一変した。発端《ほったん》は、ぼくが何の拍子《ひょうし》にだったか口走ってしまったこんな言葉だった。

「おれ一人だったらもっと速く進めてたと思う」

この直前の一時間ほどの登りのとき、モトコに「リュックを持ってくれへん？」と言われ、渋々持つことにしたら予想以上に疲労した。そのことにぼくはなんとなく納得のいかなさを感じてしまっていた。そんな自分の小ささを存分に発揮した結果の言葉だった。

その言葉に、モトコは猛烈に反応した。疲れきった顔を歪ませてこう言った。

「はあ？　私のほうが歩くの遅かったのってさっきの登りの一時間だけやろ？　疲れてるからって、当たらんといて！」

たしかにモトコの言うとおり、最後の一時間以外はどちらが速いということもなく、場合によってはモトコのほうが速いこともあった。だが、意地になったぼくはこう返した。

「その最後の一時間が重要なんだよ！」

我ながらほとんど言いがかりに近かった。モトコが「意味わからない……」と呆《あき》れたのも当然だ。そうしてしばらく不毛なやり取りを繰り返したあと、ぼくは先に歩き始め、その一〇〇メートルほど後ろをモトコが歩いてくることになった。一本道でなかったら違う方向に向かって歩きたい。モトコはそう思っていたようだ。

最後の最後になぜこうなるのか。モトコもぼくも、おそらく同じことを考えていた。

旅をしながらケンカが絶えたことはほとんどない。毎日のように小さくも新たな火種が目の前に現れる。とくにユーラシア横断を始めて以来、毎日ほとんどの時間を一緒に過ごすようになるとそれはさらに顕著《けんちょ》になった。だが、夫婦といえども、話せばわかることよりも話してもわからないことのほうが多いという現実は、すでに理解できるようになっていた。だからこのころには、話して解決を求めるより、静かに距離を取り時間が解決してくれるのを待つことが増えていた。それがいいのか悪いのかはわからない。しかしそれは、他人が一緒に生きる上で自然に身につけていく処世術なのだろうと納得していた。

旅立ってすでに四年半。結婚生活はいよいよ五年近くになろうとしていた。日本に帰ったあとはどうなるのだろう。ふと考えることが多くなった。結婚以来、ずっと旅のなかを生きてきた自分たちにとって、日本に帰って二人で暮らすという生活は、まだ具体的にはほとんどイメージできなかった。ただ、確実にそのときが近づいているという感触はあった。うまくやっていけるのだろうか。そのときはどんな原因でケンカをするのだろうか。

タルチェンの村に向かって一人で歩き、後ろにいるモトコの様子をちらちらと窺《うかが》いながら、ぼくはそんなことを考えていた。帰国したら、いったいどんな生活が待っているのだろうか――。

　カイラス巡礼はそうして終わった。気持ちのいい終わり方ではけっしてないが、いつもどおりのつまらないケンカが起きることが、平時の場所に帰ってきたことを感じさせた。

　任さんの宿で一泊した翌日、同じ宿にいた中国人の車に便乗させてもらってアリに戻った。道中、窓の左右には延々と荒野が続き、その遠く後ろには白い雪をかぶった山々が見える。その風景を見ながら、ぼくは思った。

「ここに来ることは、もう二度とないかもしれないな」

　旅をしながら土地を去るとき、いつも思うことではあるけれど、この一帯、すなわちカイラスのあるチベット西部については、とくに強くそう思った。この風景の外に出るのが、名残惜《なごり》しかった。胸がいっぱいになった。


　しかし帰りは速かった。アリに一泊した翌日、今度は一気にウイグルまで下ることにした。二週間ほど前、高山病になりながら三十時間以上かけてランクルで走ってきた道を、再び戻るのだ。今度はバスで。

　小さな二段ベッドが三列にずらりと並んだその車内には、定員のおそらく二倍にはなりそうな数の人が乗り込んでいる。五〇人はいただろうか。ベッドとベッドの間の通路にも人が座ったり、横になったり、もはや足の踏み場もない状態で、バスは悲鳴のような大きな音と砂煙《すなけむり》を立てて走り出す。

その状態で三〇〇〇メートルを一気に下る。高山病の苦しみがなかった分、行きとは比べものにならないほど楽だったが、夜の寒さはすさまじかった。窓は凍りつき、窓際に置いておいたペットボトルの水も完全に凍った。そして三十三時間後、ぼくらはついに、出発地点だった零公里まで戻ってきた。

もう中国を出よう。

カイラスを終えたいま、迷うことなく中国を離れられる気分だった。

零公里に一泊した翌日、いよいよ中国の西の果ての町、カシュガルまで移動した。チベットとはまったく異なるウイグル人の世界。乾燥した空気と砂埃《すなぼこり》が、町中を黄土色に染めている。人々の顔の彫りは深く、男は帽子をかぶり、女性は頭に布を巻く、まさにイスラムの世界であった。「なんだかもう中央アジアに入ったような空気だなあ」。そう感じさせる風景だった。

一週間ほど滞在したあと、十一月も残り少なくなった金曜日、ついに中国を発《た》つことを決めた。国境までのバスは、月曜と木曜しか出ていなかったが、なんとかその日、国境まで連れていってくれるという車を見つけることができた。

「いよいよ中国ともお別れか……」

出発するとなると、改めてそう思った。新たな国に行く喜びはある。しかしそれ以上に、慣れ親しんだこの国から出るのが寂しくもあった。いろんな思いが交錯《こうさく》しながらも、中国はいまや圧倒的に自分にとって身近な国になっていた。

朝八時に宿を出て、四時間ほどで国境に着いた。ここを越えると、中央アジアのキルギスだ。中国からキルギスへ向かう多くのトラックが列をなして入国を待っている。周囲は赤茶けて乾ききった山に囲まれている。その奥には、雪をかぶった大きな山がいくつもそびえ、空は白く厚い雲で覆われていた。

「めっちゃ寒いな……」。モトコが体を震わせた。カシュガルも寒かったけれど、この国境の荒涼とした雰囲気は、さらに空気を冷たく引き締めていた。

中国語の世界はここで終わる。ここからはキルギス語、ロシア語の世界となる。新鮮で楽しみでもあるけれど、心細くもあった。でも、ここからまた新たな何かが始まるはずだ。

行こう——。

大きなトラックの横をすり抜け、ぼくらは白く寂寞《せきばく》とした出国審査場へと入っていった。

10 豪気な男とキルギスへ

中央アジア――。キルギス、カザフスタン、ウズベキスタン、タジキスタン、トルクメニスタンの五カ国をまとめてそう呼ぶ。

前知識はほとんどなかった。「―スタン」の国々から成り立つ（「キルギス」も英語などの通称では「スタン」がつく）ということ以外、中央アジアは自分にとって完全にブラックボックスだった。ただ思い出すのは、学生時代、東京国際映画祭でキルギスの映画を見たことだ。内容はまったく覚えていないものの、美しく静かな白黒映像のなかの、寡黙《かもく》な男性の顔が日本人と何ひとつ変わらなかったことだけが記憶にある。こんな場所にこんな顔の人たちが住んでいるのか。そう思い、不思議な親近感を覚えたものだった。

中国・キルギス間の国境イルケシュタムに臨み、そんな記憶がよみがえる。映画のなかのあの男がいる国に、これから行くのだ。

中国側の出国審査を終えると、一〇元払ってマイクロバスのような車に乗せられる。十分もないほどの距離を走って降ろされると、さらにその先、左右を茶灰色の山々に囲まれた中を十分ほど歩いて緩衝《かんしょう》地帯は終わりとなる。そしてキルギス側で入国審査だ。

審査の順番を待ちながら、さあ、これからどうしようかと考える。キルギスにはすんなり入れそうなものの、入国してからのことは移動手段も決まってない。国境から乗れるバスがないらしいことは聞いていたので、とりあえず自分たちで適当に車を探して乗せてもらうしかなさそうだった。荒涼として人の気配もあまりないこの国境では、まずその作業にひと苦労しそうだった。

そんなことをモトコとあれこれ話していると、二十代半ばぐらいの一人の男が近づいてきた。鋭い眼光に黒い短髪。彫りが深くて顔は濃く、ボディはレスラーばりにごつかった。大仁田厚《おおにたあつし》だ。まさに若き日の大仁田厚を少し洋風にした雰囲気のその男が、大きな声で豪快に話しかけてきた。

「お、あんたたち、どっから来たんだ？　どこに行くんだ？」

やたらと陽気で、言葉は英語だった。おれはアリだ。そう名乗った。彼も同じくこれからキルギスへ入国しようとしている。これは、と思い、自分たちの状況を話してみる。するとアリは、すかさず言った。

「オシュまでならおれが一緒に乗せていってやるよ。もちろんタダでいい」

オシュは、首都ビシュケクに次ぐキルギス第二の都市だ。キルギスの南東部にあり、ぼくらがとりあえず目指していた町だった。願ってもない話である。

訊くとアリは、車のディーラーで、中国から輸入した車をウズベキスタンで売っているらしかった。中国で新車を買ってそれを自分で運転して、キルギス、さらにその隣国のウズベキスタンへと運んでいる。いままさに仲間とともに、中国製の新車五、六台を運んでいるところだという。その「輸入車」に乗っていけばいい、というわけだ。まさに、渡りに船である。

「え、いいの？　それは助かる！」

と言いながら、モトコと視線を合わせて考えた。アリがどんな人物なのかはわからない。タダでいいというのも、ありがたい一方でなぜだろうという疑問も残る。しかしこういうときは、直感に頼るしかない。信じていい男か、そうではないか——。一瞬考えたのちぼくらは決めた。彼の車に乗っていこう、と。

「二、三時間後に出発するから。ちょっと向こうで一緒に待ってくれ」

そう言われ、アリとともに出国審査の建物を出る。外には、見渡すかぎりトラック、コンテナ、プレハブがごちゃごちゃと並んでいる。周囲は黄土色の大きな砂の山に囲まれ、空中に舞う砂埃が荒涼とした雰囲気をいっそう強くする。広大な工事現場のようなその場所が、ぼくらが初めて目にした中央アジアの風景だった。

「こっちだ」

そんな雑然としたなかにあるコンテナのような建物の一つにアリはぼくらを連れていった。緑色の外観はきれいに茶色く錆《さ》び付いている。横に置いてあるパラボラアンテナが妙にアンバランスだった。

コンテナのなかは、光は差し込んでいるものの赤黒い絨毯《じゅうたん》が敷かれているためか薄暗い。中央に青いクロスのかかったテーブルがあり、その周りを複数のおっさんが囲み、パンやスープを食べていた。おっさんたちのどんよりとした様子が空間をさらに薄暗くする。言語は、ロシア語かキルギス語か、はたまたウズベキ語か。彼らがいったい何者なのか、ここで何をしているのか、何もかもが不明だった。いきなりディープな雰囲気を感じて若干硬くなっていると、おっさんたちはにこやかに言った。

「さあ、食ってくれ、食ってくれ」

言われるままに腰を下ろし、テーブルの上のパンやジャガイモ料理をつまんでみた。予想以上に美味しかった。むさ苦しい男たちのなかで、料理はひときわ輝いて見え、話していることがわからないのでとにかくぼくは食いに徹した。

なかにいた一人のじいさんは、旧ソ連圏定番のウォッカ中毒オヤジだった。ぼくらが中国の人民元をキルギスの通貨ソムに両替に行くと言うと、彼が一緒に立ち上がる。

「よし、おれが連れていってやるよ」

ああこれは間違いなくタカられる展開だな……と思っていると、両替をすませてソムの現金を手にしたぼくらに、臆面《おくめん》もなく彼は言う。

「ウォッカを一杯買ってくれ」

あまりに予想どおりの展開に笑えてきて、「わかったよ」と金を出した。それですぐにウォッカを買ってうれしそうに飲み始める。そして一緒にコンテナへと戻ると、彼は中に入るや否や盥《たらい》にゲロを吐いたのだった。

一方、コンテナ内では、もう一人いたおっさんが、モトコへ執拗《しつよう》にロシア語でセクハラ攻撃を仕掛けてくる。「なんや、この人。めっちゃきもいわ……」。モトコはやんわりと不快感を漂わせるが、おっさんはそんなことでは動じない。ディテールはよくも悪くもわからなかったが、エヘエへと怪しげに笑う顔を見ると、もはや言語は関係なかった。

ロシアでも酔っ払いには何度も絡《から》まれ手を焼いた。本当にうっとうしくなるときもある。ただ、どこか憎めない雰囲気もある。アリに通訳してもらいながら、ときに流し、ときに笑い、パンをつまみながら、同じようにダラダラと寝転がって出発のときを待った。

しかし、それにしても一向に出発する気配がない。「いったいいつまでこの状態なんだろう……」。時々アリに訊いてみたが、「まあ、待てよ。もうすぐだ」などと言いながら、彼もまったく要領をえない。そしてあれよあれよという間に日没を迎え、夜になった。

「よし、そろそろ行くぞ」

ついにアリが動き出したのは、夜八時半のことだった。コンテナに入ってからなんと七時間もたっていた。

外はすでに真っ暗だった。しかも雪が降り出しうっすらと積もっている。コンテナ横のパラボラアンテナもすっかり表面が真っ白になっていた。

「この車に乗ってくれ」

そう促され、ぼくらが乗ることになった車は、中国製のシルバーの軽自動車だった。なかを見ると座席にはまだビニールカバーがついている。たしかに新車らしかった。ただ、ナンバープレートもないまま国境を越えていきなり運転するというのが、さすがのワイルドさだと感心した。

目的地であるオシュまでは、ここからすごい悪路を十時間ほどだという。いまから十時間、真っ暗闇の雪道を走るって？　大丈夫なのか？　そう訊くと、アリは笑う。「全然問題ないさ」。なんでもアリは、レスリングの選手だったという。「五年前は旧ソ連圏でのチャンピオンだったんだ」。なるほど、大仁田ルックも見た目だけではないらしい。

「よし、行くぞ！」

アリが仲間の車に声をかけると、ナンバープレートのない新しい軽自動車五、六台が、雪が降る闇夜のなかをいっせいに走り出した。

道はこれ以上ないほどの悪路だった。しかもサスペンションが貧弱なのか、揺れはまるで吸収されない。ひと気のない殺伐《さつばつ》とした道には街灯も何もほとんどなく、頼れるのはヘッドライトのみだった。その上いきなりものすごい吹雪《ふぶき》に襲われた。中国製のワイパーがキコキコと必死にフロントガラスの雪を掻《か》き分ける。そうしてかろうじて前が見えるという状況だった。

だがそんな状態にもかかわらず、アリは無茶苦茶なスピードで飛ばす。座ってはいられないほど上下に揺れ、ドンッ、ドンッと突き上げられるような衝撃が全身に走り続ける。

「大丈夫か？」と笑いながらアリが言う。

「ああ、ちょっときついな」

そう言ってみるが、スピードを緩《ゆる》める気配は皆無である。猛烈に尻が痛い。そして眠い、寒い。靴を脱いで寝袋に包まって、落ち着ける体勢を見出そうとしたが、楽な姿勢などなさそうだった。モトコは早々に車酔いし、ぐったりしていた。

「大丈夫?」

「うーん、あかんわ……」

チベットの道中を思い出した。ほんとにこれで十時間も行くのかよ……。先のことを思うと気分もすっかり真っ暗になった。

少しずつ体力を奪われ続け、いつしか気を失うように眠りについた。ときどき、頭をぶつけては「イテッ!」と言って目を覚ました。一方、アリは暗闇の雪道を、一度の休憩だけで夜中ひたすら走り続けた。まさにレスリングの旧ソ連圏チャンピオンの迫力を見せつける驚異の走りっぷりだった。

朝六時。十時間がたったがまだオシュに着いてはいなかった。さすがのアリもぐったりして「ちょっとだけ寝させてくれ」と車を止めて眠りについたが、二時間後にはまた、「よし、行くぞ」と、勢いよくアクセルを踏んで走りだした。

外は明るくなり、牧歌的な風景に囲まれていた。ポツポツと木造の家が並び、ところどころに木々や草地がひろがっているのが見て取れた。羊の群れと羊飼いも横切った。「ロシアの田舎の景色にそっくりやなあ」。モトコが言った。やはり旧ソ連の国だなと感じさせる。国境を越えてから荒野と雪景色ばかりだったので、中国を出たという感覚がまだそれほどなかったけれど、ここにきてようやく、中央アジアを肌で感じた。

その後再び険しい雪道になった。猛烈に雪が積もり、中国からの積荷を積んでいるのかもしれない大きなトラックが列をなして、のろのろと走っている。

途中渋滞でまったく身動きが取れなくなったとき、ぼくは気分転換に車を降りた。そして自分の乗る車の外観を見て驚いた。新車だったはずの車が、いまやまったく別の姿になっていたのだ。雪、泥の汚れに加え、石による傷も無数についているようだった。売り物のはずなのに、もう明らかに新車ではなくなっていた。

「この車、すごいダメージ受けてそうだけど、大丈夫なの?」

だが、アリに不安な様子はまったくない。「大丈夫だよ、これでも売れる」

途中でワイパーが外れたときも、「ははは、これは中国製だからな」と笑っているし、あとから乗ってきたアリの友だちも車内にタバコの灰を捨てまくっていた。いったいどういうことなのか意味がわからなかったが、とにかくアリは不安を抱いてなさそうだった。

激しく姿を変えた「輸入車」がようやくオシュの町へとたどり着いたのは、午後一時すぎのことだった。結局十七時間もかかったのである。そして、さすがに疲労感いっぱいな様子のアリがこう言った。

「やっと着いたよ。実は二人が寝ている間に、居眠りしちゃって危なかったこともあったんだ」

それを聞いてヒヤリとした。無事に着いたのは、単にラッキーだったのか。そんなこちらの思いをよそにアリは続けた。

「今日はどこに泊まるんだ？　もし決まってないなら、うちに泊まっていったらどうだ」

おお、少しだけ期待していたこの展開。ありがとう！　と遠慮《えんりょ》することなくそうさせてもらうことにした。そして、オシュの隣町カラスーにある彼の家に一緒に向かった。

アリの家に着くと、奥さんがまるで旧友を迎えるように、二人の娘さんとともににこやかに歓迎してくれた。

「さあ、これを食べてください。さあ、眠いでしょう、ゆっくり寝てください」

アリの奥さん、ディリアは、何から何まで本当に親切に世話を焼いてくれた。招き入れられた部屋には青くきれいな絨毯が敷かれ、心地よい大きなソファが並んでいた。その上に腰を下ろして、ぼくらは、パンやチーズ、ピラフなど、おいしいウズベキスタン料理を食べきれないほど堪能《たんのう》した。

なぜキルギス料理ではなくウズベキスタン料理なのかといえば、アリの家族は民族的にはウズベキスタンの人たちだからだ。ここカラスーは、ウズベキスタンとの国境沿いにあり、アリの家から五〇メートルほど行ったところの川の向こうはウズベキスタンなのだという。カラスーもオシュも、ウズベク人のほうがキルギス人よりも多いらしかった。キルギス人、ウズベク人の諍《いさか》いも絶えないという。

「警察もウズベク人には態度が悪く、おれたちに狙《ねら》いをつけて文句を言ってくるんだ」

そんな話を聞いていくうちに、未知だった中央アジアが少しずつ身近な場所になっていった。

次の朝。二人の娘はぼくらが起きてくるのを待っていてくれた。奥さんのディリアも、モトコと話すのがとても楽しそうだった。色白で黒い目を持ち、いつもニコニコと笑っている彼女は、控え目だったがモトコを見つめる笑顔の中には強い好奇心が感じられた。言葉はほとんど通じなかったものの、ぼくらもわずかに知ってるロシア語を使ってなんとか会話を試みた。

「ちょっと待ってて」

あるときディリアは、そう言って部屋を出ていった。戻ってくると、手には服を持っていた。「これ着てみて。あなたにあげたいの」。モトコに手渡したその服は、ウズベキスタンの民族衣装だった。

黄、ピンク、白、緑、黒のカラフルな柄が描かれたその衣装に、モトコが喜んで袖を通すと、ディリアがモトコの頭に、白く美しい刺繍《ししゅう》の入った布を巻いてくれた。

「とっても似合うわ」

ディリアはうれしそうにモトコを見た。モトコも顔をほころばせながらお礼を言った。そして「一緒に写真を撮ろう」と、ディリアとその娘たちと、笑い合いながら四人でソファに腰かけた。

キルギス初日をこんな歓待から始められたことは幸運だった。ぼくは心からアリとディリアたちに感謝した。

各地に向かう乗り合いタクシーが集まる場所までアリに送ってもらった。その途中、彼はキルギスで使える携帯電話のシムカードまで買ってくれた。本当に、親切すぎるほど親切な男だった。

「ビシュケク行きにはこの辺で乗れる。何かあったらいつでも連絡くれ。また会おう」

鋭い目つきのままにっこり笑うアリと、こうして別れた。

ビシュケクまでは山を越えながら北に七〇〇キロ。「また、ハードそうだな……」。覚悟を決めて、ぼくらは古いセダンに乗り込んだ。

11 ビシュケクのロシア語授業

「うわ、マイナス一二度だって……」

朝、宿の庭の温度計を見て、さらに身体が震えそうになる。庭は雪で真っ白に染まり、隅っこには大きな雪だるまが立っている。ぼくはいつもながら、Tシャツ、長袖カットソー、フリース、厚手のフリースシャツ、ユニクロの薄手ダウン、そして紺色のノースフェイスのインナー付ジャケットと、持っている服をほとんどすべて着込んで、白い息を吐き出しながら、モトコとともに外に出る。

宿から少し歩いて大通りに出ると、新聞・雑誌や軽食などを売るスタンドが並ぶ一角にたくさんの人が集まっている。そこに、「マルシュルトゥカ」と呼ばれるミニバスが、クラクションを鳴らしながら次々にやってくる。フロントガラスに路線番号と行き先がある。それを見て人々は、小さなドアから黙々と乗り込んでいく。「もういっぱいだ！　降りろ！」。ときに運転手がそんな雰囲気で叫んでいる。そうして十数人ほどが座れるバンにその倍ぐらいの人数を乗せて、マルシュルトゥカは走り出す。ブルルルーンという力の抜けたエンジン音は、オーストラリアでぼくらが乗っていた緑のオンボロバンの音を思い出させた。

ジベック・ジョル大通りを西に走り、ソビエッツカヤ大通りを南下する。古い鉄筋の校舎のような殺風景な建物が続くなか、だんだんと中心街に入り、左手に大きな時計台が見えてくる。いつしかこの風景もすっかり見慣れた景色になっていた。

いつもの場所で、「アスタナビーチェ（降ります）！」と声を張り上げ、なんとか身体をよじらせて出入り口に向かう。覚えたてのロシア語で必死に声を上げてみるが、ときに間違えて「アトリーチナ（すごい）！」と叫んでしまうこともあった。モトコは隣で、「違うで」と突っ込む。でも車内では誰も笑うわけでもなく、みな表情を変えずにじっとしている。なんとか外に出る。寒い。息が白い。滑らないように歩き出す——。

キルギスの首都ビシュケク。賑《にぎ》やかではあるが色彩が淡く、どこか無機質な印象が漂う町だった。雪の白さのせいであり、寒さのせいだったともいえる。それは、これから次々に訪れることになる複数の旧ソ連の町にも共通している雰囲気だった。

一九九一年の独立からまだ日は浅い。その上、二年前でしかない二〇〇五年にここビシュケクを舞台にいわゆる「チューリップ革命」が起きた。独立当時から大統領だったアカエフ一派の汚職や不正に耐えきれなくなった民衆が、大統領を辞任に追いこんだのだ。ぼくらが訪れたちょうどこのとき、つまり二〇〇七年十二月には、初めての議会選挙が行われる予定になっていた。この国はいまなお、不安定な変革の時期にいた。そんな混沌《こんとん》とした方向の定まらなさと厳しい寒さが、旧ソ連の国々のもつ寂しげな雰囲気を作り出しているような気もした。

しかしぼくはその雰囲気が決して嫌いなわけではなかった。二〇〇七年十一月末に、この町に着いてから、ぼくらはビシュケクに一カ月以上滞在した。雪景色のビシュケクは、そのうちすっかり勝手知った町となっていった。

不安定さを残すとはいえ、キルギスは中央アジアでは唯一民主化を果たした国として知られている。ロシアの影響力の強い中央アジア五カ国のなかで、キルギスだけはアメリカと関係が近い。だから日本とも仲がいい。日本人にとっては、九十日間ビザなしでいられるという極めて滞在しやすい国なのだ。しかしこれから先に待ち受ける、ウズベキスタン、トルクメニスタン、さらにはイランといった国々は、そうはいかない。だからキルギスでできるかぎりこの先必要となるビザをそろえておこうと思っていた。それがビシュケクに長く滞在する一番の目的だった。

ビザの取得はたいていやっかいなものである。各国大使館のビザ担当者はなぜか決まって不機嫌で理不尽で不親切だ。必要な書類をそろえても、ときに何度も書き直しをさせられて、そのたびに大使館に出向かないといけないことも少なくない。しかも、申請から取得まで何日も待たされる。だからできるだけ時間に余裕のある場所で申請するのがいい。ビシュケクはまさにビザ取得にうってつけの町だった。

しかし、ビザができるのを待ってただダラダラと町にいるのも面白くない。そこで、その間にロシア語を勉強しよう、という話になった。

この先、旧ソ連圏の国には複数行く予定だった。それに一つの場所に数週間から一カ月もいるとするなら、学校に通ったりすることで滞在はぐっと充実したものになる。短期間でも「生活する」という意識を持ち、コミュニティに入って滞在すると、見えてくるものはまったく違う。それは中国でもオーストラリアでも実感していた。

「ビシュケクが、バンバリーや昆明みたいな場所になったらいいなあ」

モトコもぼくも、そんな期待を抱いていた。ただ気になったのは、そんな短期間だけ調子よく通える学校があるかどうかということだった。

ところが、それがすぐに見つかった。

ビシュケクに着いた翌日早速、モトコに引っ張られるようにして町で情報収集を始めると、「ロンドンスクール」という学校が浮上したのだ。

すぐに行ってみると、その学校は予想以上にいい感じだった。建物は白くこぎれいで、なかには図書室やカフェもあった。その上、気持ちよく休憩できる中庭も。期せずして、再び「キャンパスライフ」が楽しめそうな雰囲気だった。

一カ月だけでも問題ないという。ぼくらは早くもその三日後に通いだすことになった。

授業は一日二時間（文法と会話）を週四回、それを三週間半受けることにした。本当はもっと長く通いたかったのだけれど、十二月後半にはクリスマス休暇に入ってしまうため、この日程が限界だった。それでも、ビシュケク到着四日後から通えたのはラッキーだった。それに驚いたのは授業料だ。先生一人に対してぼくたち二人という授業形式で、一人計一〇〇ドルほどでしかない。一人一時間三ドル強という計算になる。

授業は午後一時からの二時間だ。十数人ほど収容できそうな小さな教室の中央最前列に、ぼくらは並んで座り授業を受けた。

文法はまずはキリル文字の書き方と読み方、会話は「こんにちは」「ありがとう」から始まった。中国語のときもそうだったが、語学は、何も知らない状態から始めると、最初は急激に上達している気分になれる。文字の読み方がわかると、町を歩いていても一気に視界が広がるし、ちょっと挨拶ができるようになるだけで、人が見せてくれる表情はまったく変わる。学校の授業の前後にいつも立ち寄ったカフェ「ファットボーイ」で、注文時に話せることが毎日少しずつ増えるのがうれしかった。

「コーヒーをください」

そのひと言がロシア語で言えるようになるだけで、一気にこの町に溶け込めた気持ちになれるのだ。

しかし、上達のスピードは四日目ごろから一気に落ちる。急に覚えることが多くなり、内容も複雑になる。するとそのうち、自分が理解できる範囲のことだけを覚えるようになり、妥協に妥協を重ね、自分をごまかし、先生をごまかそうと試行錯誤《しこうさくご》を繰り返しながら、毎日の授業をこなしていくということになる。そして冷静に考えると自分が話せることなど、こんな文ぐらいでしかないことに気づくのだ。
「こんにちは。私は日本人です」「これは椅子ではありません。机です」「この壁は白です。青ではありません」……。

普通の会話ができるレベルは、あまりにも遠い。ただ、そうしたことを実感するのが昆明で中国語を勉強したときに比べて格段に早いのをぼくは感じた。何カ国語も話せる西洋人がよく、「語学は、やればやるほど、次の言語を学ぶのは楽になる」と言っていたが、そのとおりだった。もちろん、中国語を知っているからといってロシア語がすぐわかるようになるわけではない。ただ、どのくらい勉強したらどのくらい話せるようになるかがなんとなく想像できる。そしてその想像力は、どこで手を抜いていいか、どこは力を入れるべきかを確実に教えてくれるのだ。

ロシア語が少しずつ身についてくると、ビシュケクの町はぐっとその姿をクリアに見せてくれるようになった。毎日、宿から学校に通ううちに知っている人も増えてくる。学校でただすれ違う人とも、会えば挨拶するようになる。

宿では、朝ごはんを頼んでおくと、家族が暮らす母屋《おもや》のダイニングで、パン、ピラフ、スープ、紅茶、といった温かい朝食を食べることができた。その家族とも最初はほとんど何も話せなかったが、ぼくらが前日に習ったことを試しにそのまま話してみると、家族はみな喜んで耳を傾けてくれるのだった。

「生活するのってやっぱりいいな」

「ずっと移動してるだけより、おれたちはこっちのほうが合うのかな」

もしかすると自分たちは、このような居場所を持てる生活を求める気持ちが以前よりも強まっているのかもしれなかった。


ビシュケクに暮らす日々のなかでよく行った場所の一つに「日本センター」があった。名前のとおりの施設で、日本語の本やCDなどがたくさんあり、それらを借りることもできたため、ぼくらはたまに行っては何冊か借り、宿に帰って部屋で読んだ。

食事もしてシャワーも浴びたあと、部屋の小さな電気ストーブの前で洗濯物を乾かしながらそれらを読む時間が楽しみだった。気候のせいか、たとえば植村直己《なおみ》のような人の本に興味が湧いた。カイラスに行った影響もあった。ぼくもモトコも、あのときの余韻《よいん》をまだ残していたので、北極やアラスカといった地を人生の舞台とした話に自然に惹かれるようになっていた。そういえば、以前モトコがアラスカに住みたいと言っていたことをふと思い出した。

「アラスカ、たしかにいいかもしれないなあ。ユーラシアを横断したら、ヨーロッパから船でカナダあたりに渡って、それからさらに西に移動してアラスカに行く。そしてしばらく住んでみるとか。寒さも、いまの状態に慣れればもうそんなに変わらないような気もしてきた……」

「そうやろ。私はそれしたいなあ」

モトコはいますぐにでも、アラスカ行きを実現したそうでもあった。

しかしそんな想像をする一方で、いや、そんなことはきっと実現しないだろう、と思っている自分もいた。このユーラシア横断が終わったら、ぼくらの旅は終わるんだ、という予感がだんだんと強くなってきていたのだ。

「バンバリーが旅の第一ステージだとすれば、いまは何ステージ目なんだろう……」

ぼくはある日、部屋でモトコに、そんなことを訊くでもなく訊いてみた。モトコは部屋の奥のベッドに潜《もぐ》り込み、ぼくは窓際にあったもう一つのベッドのなかにいた。

「……バンバリー、バンの旅、東南アジア、昆明、上海。で、ユーラシア横断か。そう考えると、いまは第六ステージになるのかな」

自分で答えてそう言った。四年前に日本を出てからすいぶんといろんな段階があったことをいまさらながら実感する。

バンバリーにいたころは、そこでのイルカボランティア生活すら、いつまでも終わらないんじゃないかと思っていた。しかし現実はそうはいかない。確実に時間は進み、次々に異なるステージが訪れる。そしてそれらも一つひとつ終わっていった。

「じゃあ、第六ステージでもしかすると旅は終わりになるのかな。でも、日本に帰ったらどうなるんやろう、私たち……」

モトコにはヨーロッパでやりたいと思っていることもあるようだった。アラスカもいいな、ノルウェーもいいな、とも言っていた。けれど、本当にヨーロッパなりアラスカなりに住むことが実現するかどうかは、二人ともわかっていなかった。

オーストラリアや中国のときは、何がなんでも住む、住みたい、という強い意志がぼくにもモトコにもあった。だが、ヨーロッパに関してはそうではなかったのだ。「住めたらいいよね」という話はするけれど、二人とも具体的に話をするほどではなかった。ぼくにはどこかで、実現しないんじゃないかという意識があった。けっして条件や手続き上の問題ではない。実現させようという意志を自分が十分に持っていないのを感じていたのだ。

ベッドのなかに潜りこんで窓の外を眺めると、白い雪が音を立てることなく黙々と地面へと降り積もっている。明日にはどれだけ積もっているのだろう。明日もまた寒いのだろうか。そう思いながら、月と雪の白さでほんのり明るく見える空を見上げた。するとその向こうに、ふと、まだ見ぬアラスカの大地を思い浮かべることもあった。

もう日本に帰るのだろう、と思うときもあれば、いや、アラスカで第七ステージを始めるのだ、と思うときもあった。この先自分たちがどんな生活を選ぶのか。ぼくもモトコも、まだ想像できていなかった。

ただ、このままいつまでもなんとなく旅をしているわけにはいかない――。そんな気持ちは、明らかに強くなるのを感じていた。

12 ヤンキー顔で凄む

十二月二十一日に最後の授業が終了し、クリスマスを迎えるころには、いつでもビシュケクを出られる状態になっていた。少なくとも年越し前には出たかった。目指すはウズベキスタンの首都タシュケント。だが、寒さと雪のために交通事情が悪くなっていたこともあり、なかなか動くことができずにいた。

しかし冬はどんどん厳しくなる。いくら待ってもバスなどの運行事情がよくなるようには思えなかった。だからバスはあきらめて、急遽《きゅうきょ》、列車に乗って行くことにした。列車でまず真西に進んでカザフスタンに入国し、シムケントという町から車かバスで南下してウズベキスタンへと国境を越えるというルートがあったのだ。すぐにカザフスタンのビザも取った。そしていよいよ、二〇〇八年の幕開けまであと三日となった日に、ビシュケクを出発することになったのだ。

昼ごろ、ぼくもモトコも重いバックパックを久々に背負って、住みなれた部屋を出発した。一カ月お世話になった宿の家族に挨拶をしたあと、マルシュルトゥカとタクシーを乗り継いで駅へと向かった。

すっかり雪が積もったビシュケクの町は、この日も雪の白色が統一感を生み出していた。寒さには慣れたとはいえ、こんなに雪が降り続ける極寒の年末は人生で初めてのことだった。一カ月前、この町に着いたころとは景色もだいぶ変わっていた。そしてそれはぼくらのロシア語についても同じだった。

「三週間だけだったけど、最初のころを思いだすと、ずいぶん上達したよなあ」

もちろんゼロからのスタートなので簡単に上達するとはいえ、めちゃくちゃブロークンながらも、それなりに自分たちの意思を伝えることができるようにはなっていた。それは本当に大きな変化だった。

「ヤ・ハチュー・チョルネイ・コフェ（ブラックコーヒーをください）」

「ヴィ・ガヴァリーチェ・パルスキー（あなたはロシア語を話しますか）？」

「スコルカ・ストイット・エタ・ガゼータ（この新聞はいくらですか）？」

町で実践できる会話といえば、結局はこんな内容に毛が生《は》えた程度でしかなく、少し複雑な状況になればまったくお手上げになってしまう。それでも、ほとんどひと言も話せなかった一カ月前を思うと、まるで白黒のテレビがカラーになったぐらい、見える世界は大きく変わった。

「そういえば、私たちの覚えたロシア語、冬の言葉ばっかりやなあ……」

タクシーの窓の外を眺めながらモトコが言った。たしかにそのとおり、雪、寒い、お湯、コート、といった語彙《ごい》はずいぶん豊富になった一方、暖かい季節に役立ちそうな単語はほとんど覚えていなかった。

言葉は生活環境に強く影響する。それは当たり前のことではあるが、こうして短期間で、実用性を重視して覚えた言葉は、極端にその傾向が露《あらわ》になる。

いつか改めてビシュケクで覚えたロシア語の語彙を振り返るときがあるとすれば、きっと自分は、ノートに書かれた単語たちとともに、この白い景色が思い浮かぶにちがいない。そう思いながら、ぼくも白いビシュケクの町並みを眺め続けた。

列車はビシュケクを出ると、二時間ほどでキルギスとカザフスタンとの国境に着いた。まずはキルギス側で列車が止まり、国境職員が順番にパスポートを集めてチェックする。そして緩衝地帯をしばらく進むとカザフスタン側となる。

入国審査はすんなりと終わり、列車が再び出発する。ギギギッという音とともに身体がぐいっと後ろに引っ張られ、外の風景が動き出す。夕方の、すでに暗くなりかけた白い雪景色に変化はない。ここで国が変わることの不思議さを思いつつ、そろそろユーラシア大陸の中心あたりにいるのだろうか、と想像した。

「お、ヤポニッか?」

そんなときに、近くで大騒ぎしていた七、八人の家族らしき集団がぼくらに話しかけてきた。小さな子どもからおじいさんまでが、賑やかに食べ飲み、ガハガハと笑う。声がやたらと三宅祐司《みやけゆうじ》に似たつぶれ方をした三十五歳だという男が、酔っ払った様子でこう言った。

「おれらはモルドヴァから来たんだ。これからカザフスタンのタラズに行って、そこで生活を始めるんだ。何か物でも売ろうと思ってるよ」

モルドヴァの位置が正確にはわからなかったが、あとで調べるとルーマニアとウクライナの間あたりにある小さな国だった。訊けば彼らは、ジプシー(「ロマ」という呼び方が一般的に「正しい」とされる）の一家らしかった。

おじいさん、おばあさん、そして小さな子どもも、みなで一緒にタラズに向かう。まったくの知らない土地でこれから彼ら大家族は、一から生活を始めるのだ。十三歳の少女がモトコににっこりと笑いかけ、ロシア語でゆっくり話してくれた。「もう十年間こうして暮らしているの」。視線が鋭く芯が強そうで、きれいな女の子だった。

彼らの暮らしぶりを想像して、いまの自分たちとわずかに重なるものがあった。もちろん、自分らは常に日本とつながっているし、ぼくは日本から仕事を得て生活をしているという点で、彼らとは状況がまったく違う。帰る場所もあるし、何かのときには頼れる家族が日本にいる。ただ、こうして知らない土地で常に新たな生き方を見つけている家族の存在は、どこか勇気づけられるものがあった。

彼らと話していると、あるときふと、列車の職員らしきカザフスタン人が静かに声をかけてきた。ぼくを呼んで、こう言うのだ。

「彼らを誰だか知ってるのか？　荷物、気をつけろよ」

その言葉が、ジプシーの人々が置かれた立場をよく表していた。

しばらくすると、その家族のなかの、でっぷりと太ったおじいさんがぼくらの隣に腰を下ろし、熱心にロシア語の指導を始めた。動詞の使い方の細かな違いを尋ねると、どんど

ん熱が入ってくる。これも覚えておけ、あれも書き留めておけ。そして金の話になると「〝ドル〟は〝ドーラルゥ〟だ……、いや違う〝ドーラルゥ〟！」「〝ユーロ〟は〝イエヴロ〟だ、〝イエブロ〟じゃない、〝イエ「ヴ」ロ〟だ！」とさらに声に力が入った。

ひと段落して「スパシーバ（ありがとう）！　あなたはいい先生だ」とぼくらが言うと、彼は大きなお腹をさすりながら照れ笑いを見せるのだった。

そうしているうちに列車はタラズに到着した。

「元気でな！」

笑顔で、賑やかにそう言いながら彼らはみなで降りていく。これからここで生活を始めるのか。まずはどうやって基盤をつくるのだろう。そんなことをいろいろと想像しながら、ぼくは家族に別れを告げた。

車内は急に静かになった。すでに夜十二時前だった。「寝よう」。そう言って、ぼくもモトコも自分の寝台に横になった。長距離の移動をすると、ただ乗っているだけで身体が疲れる。ぼくはすぐに眠りについた。

しかしそれからほどなくして、急に身体を揺さぶられた。

「シムケント！　あと二十分で着くぞ！　準備を！」

職員が起こしに来てくれた。まだ周囲は暗い。時計を見ると、まだ午前二時五十分だ。

「着くの六時半じゃなかったっけ？」。そう言いながら、しぶしぶ起きて準備をすると、三時二十分にはシムケントに到着した。押し出されるように列車を降り、真っ暗で極寒のホームに降り立った。

「ああ、もうちょっと寝てたかった。しかし、寒すぎる。どうする、どっかで夜明けを待って車を探そうか？」

目的地であるウズベキスタンのタシュケントまで、ここから乗り合いタクシーなどで二時間ほどだと聞いていた。しかし、こんな時間に車を探すのは大変だ。とりあえず、明るくなるまで待とうと思った。とはいえ、駅構内は屋外で寒いし、どこかの店が開いてるとも思えない。どうしようか。そう考えていると、一人の男が、暗闇のなかから声を張り上げながらやってくる。

「タシュケント！　タシュケント！」

列車の到着に合わせて、乗り合いタクシーが待っていたのだ。いま乗せてもらえるのであれば、もちろん乗ってしまいたかった。

「タシュケントの中心まで行く。一人二五ドルでどうだ？」

吹っかけていることがわかったので交渉すると、最終的に「二人で三五ドル」ということでまとまった。事前に聞いていた相場から考えると、まあ妥当な金額に思えた。

同じ車にキルギス人のカップルも乗っていくというので、念のため、彼らが言われた金額を訊いてみると、「二人で三〇〇〇テンゲ」だという。

テンゲは、カザフスタンの通貨だ。彼らのほうがぼくらの額より安いらしいことはわかったけれど、ドルとテンゲの適正なレートもわからなかったので、まあ、いいかと納得した。ただ念のために、先の客引き男に、ぼくらがテンゲで払ったらいくらになるかを訊いてみると彼は、こう言った。

「三五ドルか三五〇〇テンゲだ」

出発直前になると先の客引きは「こいつが運転するから」と言い、別の男が運転席に収まった。なんでだろうと思ったが、そのまま荷物を積み込んで、ぼくら四人も乗り込んだ。

車はスムーズに出発した。真っ暗ななか、ただヘッドライトだけを頼りに、南にあるはずのウズベキスタンとの国境に向かって走り出した。

外の風景は何も見えないままだったが、車は力強いエンジン音で順調に飛ばす。猛烈な眠気に襲われ、寝たり起きたりを繰り返した。初めての国で、まったくどんな場所を走っているのかわからないというのはあまり気持ちのいいものではなかったが、チベットでの道中やアリとのドライブを思えば、穏やか極まりないものだった。二時間ほどで何ごともなくカザフスタン・ウズベキスタンの国境に到着した。

「おい、着いたぞ。必要ならここで両替をしろ」

そう言ってドライバーは両替屋の前で車を止めた。外に降りると、国境らしく、大きなトラックが列をなしてエンジン音を響かせている。道の両端には、いくつもの小さな店が並び、まだ未明ながらもそれぞれ店頭に電気を光らせ、客が来るのを待っていた。

「もう、この向こうはウズベキスタンか」

カザフスタンは、真っ暗闇のなかで二時間車に乗っただけで終わってしまった。なんとももったいない気もした。なにもタシュケントに一気に行くことはなかったのかもしれないな、とも思いつつ、でもゆっくりカザフスタンを見て回ろう、という気力がないこともたしかだった。

車内で計算したところ三五ドルは四〇〇〇テンゲほどだったので、三五〇〇テンゲ払うほうが得だった。だから、米ドルと余ったキルギスの通貨ソムを、タクシー代の三五〇〇テンゲとなるように両替した。そしてあまりの寒さに急いで車に戻り、ドアを閉めて身体を温めた。さあ、行こう。ただ、国境がまだ開いてなさそうなのでどうするのかと思っていると、ドライバーはこう言った。

「おれの車はカザフスタン・ナンバーだから国境は越えられない。だから、ここで終わりだ」

唖然《あぜん》とした。何言ってんだ。「タシュケント！」って言ってたじゃないか。国境の手前までだったら乗り合いバスで五ドルほどで来ることができるはずだった。国境を越えてタシュケントまで行ってくれるからこっちの車を選んだんじゃないか。

しかし、同乗のキルギス人カップルに訊いてもらったところ、もうどうしようもなさそうだった。「チクショー、やられたな……。」頭にきたがもう降りるしかない。全額渡すのも癪《しゃく》だけれど、交渉するのも面倒だった。

「三五〇〇テンゲだ」

これを渡して、すんなりと終わるはずだった。しかし、そうはいかなかった。なんとドライバーは、こう言ったのだ。

「そんなんじゃ足りない。五〇〇〇テンゲ払え」

え、なんだって？　国境を越えられない上に、何を言ってんだこの運転手は……。

やっぱりそうか、と思い出した。値段交渉をしたのとは違う男が運転することを知ったとき、ちょっといやな予感がしていたのだ。ただぼくらの値段交渉を、同乗のキルギス人カップルも聞いていたはずだから大丈夫だろうと思っていた。しかし、不安は的中した。

ドライバーに猛烈に反論したかった。しかしぼくのロシア語力ではそれはとうていかなわない。そこで、英語も解するこのキルギス人カップルに通訳をお願いすると、彼らはかなり強くぼくらの主張を伝えてくれた。だが、ドライバーは強気を崩さずに突っぱねる。

「そんなのおれは知らねえよ、五〇〇〇テンゲ払わないとだめだ」

車内での激しい口論は一時間ほども続いた。国境はまだ開かないし、極寒の外に出るわけにもいかず、キルギス人カップルも外に出ずにつき合ってくれた。しかしドライバーはまったく譲らない。怒りのボルテージが最大になったとき、ぼくは思わず日本語で凄《すご》んだ。

「おい、てめー、ふざけてんじゃねえぞ！」

眉間《みけん》にしわを寄せて、ドライバーに顔を近づけ、殴りかからんばかりの剣幕《けんまく》をつくり、そう言ってみた。しかしドライバーは、まったくビビってくれる様子がなかった。その上キルギス人カップルも、「あんた、何語使ってんだよ、通じないよ、そりゃ」という呆れた視線を送ってくる。モトコは、ヤンキー顔をつくったぼくを冷静に観察している。

と、その状況を理解したとき、自分のやっていることが急に間抜けに思えてきた。そして若干恥ずかしくなり、一気に力が抜けてしまった。

「もう払わないで降りよう」。モトコとそう話し、勝手に車を降りようとした。すると、今度は逆に、ドライバーが凄む番だった。

「待て！　ここはおれの街だ。外には仲間がいる。そいつらを呼ぶぞ」

そんなことを言ったらしいことが見て取れた。

入国してまだ数時間、そして真っ暗な状況下で、ドライバーの脅《おど》し文句のようなその言葉は、激しくリアリティがあった。腰抜けにちがいなかったが、こちらが折れた。四五〇〇テンゲまでは下がったものの、惨《みじ》めな騙《だま》され方をして金を取られる自分が本当に悔しく情けなかった。

「この野郎！」

そう言って、投げつけるように金を払い、車を降りた。

やり場のない怒りを抱えて外に出ると、今度はすさまじい寒さが襲ってきた。おそらくマイナス二〇度ぐらいには下がっていただろう。すぐに室内に入りたかったが、国境が開くのは八時だという。

「げっ、まだ七時半だよ！」

列に並び、身体を動かしながら開門を待った。

しかし、国境が開いたあとも、建物のなかなどに入ることはできなかった。なんとすべての手続きが外で行われることを知り愕然《がくぜん》とした。出国と入国で計一時間ほど、ぼくらは手足を半ば凍りつかせながら順番を待ちつつ少しずつ前進した。ウズベキスタンの入国審査の用紙は手が麻痺《まひ》してまともに文字を書くことができなかった。一方で職員たちは、暖房の効いた部屋からさっと手だけを出して書類を受け取り、ちんたらとマイペースで処理していく。こちらの寒さなど気にしている様子はまったくなかった。

13 ウズベキスタンでの年明け

「えらく静かだなあ……」

カザフスタンからウズベキスタンへと国境を越えてから二回目の夜、ぼくらはタシュケントの町を歩きながらそのひっそりとした雰囲気に驚いていた。泊まっていたタシュケント駅の隣の宿に戻ると、静けさはますます増した。男女混合の五人ドミトリーだったものの、その日泊まっているのはぼくらだけ。それぞれのベッドの上に寝転がりながら、ときどき時計に目をやった。そしてその針が十二時を指したとき、互いに顔を見合わせた。

「年が明けたね……」

二〇〇八年が始まったのだ。

ベッドから身体を起こして窓の外を見ると、遠くで申し訳程度に花火が上がっている。それを見て初めて、本当に年が明けたことを実感できた。まばらな花火以外、窓の外には、漆黒の闇とわずかなオレンジ色の街灯の光のみが見えていた。

旅に出てから新年を迎えるのは五度目のこと。〇四年は真夏のバンバリー、〇五年は一時帰国していた日本、〇六年は昆明のそばの大理、〇七年は上海だった。そして〇八年――。今年がもっとも静かな年明けだった。

部屋の外の花火を見ながらぼくはモトコにつぶやいた。

「来年はどこで新年を迎えているんだろうなあ」

そう言ってぼくはひとり、いくつかの場所を思い浮かべていた。

旅を始めてからずっと、半年先にどこにいるのかが見えない状態が理想だったし、そうあり続けたいと思ってきた。しかしこのころ、すでに一年先について想像し、そのイメージに縛《しば》られそうになっている自分を感じていた。一年後を想像することで、急に未来がこぢんまりしてくるような気がした。

ふとそんなことをモトコに話すと、彼女はこう言った。

「どこやろうなあ。でも、まだそんなこと考えるの早いって」
そうだよな。新たな一年が、いま始まったばかりなのだ。

ウズベキスタンには、それから三週間ほど滞在した。まずはタシュケントから東に行き、フェルガナ地方へ。タシュケントに戻ってから今度は西へ。サマルカンド、ブハラ、そしてヒヴァ。青地に白い細い線などで描かれた繊細で壮麗《そうれい》な幾何学模様《きかがくもよう》が施《ほどこ》されたイスラム建築が印象的だった。

ヒヴァは日中もマイナス二〇度ぐらいの極寒の日々だった。あまりの寒さに旅行者がほとんどいなかったためか、泊まった宿では、宿主の家族が大きなパーティをやっていた。一歳の子と八十四歳のおばあちゃんの誕生会だという。「生誕一〇〇〇カ月祝いのパーティなんだよ」。孫が三〇人、ひ孫が一五人もいると言い、その場に親戚だけで数十人が集まっていた。巨大な赤い絨毯の上に細長いテーブルが置かれ、その横にみながずらりと並んで座っている。テーブルの上には、丸や四角のさまざまなパン、ケーキ、果物などが、溢《あふ》れんばかりに置いてある。

「今日は、私のおばあちゃんの誕生日でもあるんです」
ふと思い出してモトコがそう言うと、みないっせいに喜んでくれた。おばあちゃんも、

「それはおめでとう！」と言うと、モトコに「こっちに来て」とジェスチャーした。そしてモトコのほっぺたにキスをした。するとモトコは、顔を赤らめて少し恥ずかしそうに、でもうれしそうに笑った。彼女は少し照れながら、「じゃあ、私も……」とおばあちゃんのほっぺたにお返しのキスをした。目をつぶってうれしそうにするおばあちゃんの左手をモトコが右手でギュッと握った。

終わってみれば、この国でも人々の温かさを感じっぱなしだった。

タシュケントで仲良くなった若い男性は、その後何度も電話をくれて、困ったことはないかと、いつもぼくらのことを気遣ってくれた。最後に会ったときには、英語で書かれたコーラン（イスラム教の聖典）を手にこう言った。

「コーランはぼくたちにとってとても大切なものなんだ。二人にも読んでほしいからこれを持ってきたよ。本当に素晴らしいことが書いてあるから」

緑の表紙の小さな聖典を、ぼくは大きなバックパックのなかに大切にしまった。

ウズベキスタンとトルクメニスタンの国境は、果てしなく広がる雪の大地の上にあった。トルクメニスタンは「中央アジアの北朝鮮」の異名をとるほどの国だから、何か面倒な展開もあるかもしれない、と思っていたが、国境はスムーズに通過できた。そして国境から車に乗ってダショガスまで行き、そこから一気に国土を北から南まで縦断するように、国の南端にある首都アシュガバットへと向かった。

アシュガバットに着いたのは、夜中十二時。

道はきれいに舗装され、等間隔に配置された街灯の光が、ただ静かに光っている。その光に照らされたピカピカのきれいな建物が林立していた。

ひと気はないが、よく見るとゴツい服装で銃を持った警察官だか軍人だかが至るところに立っている。その人影を見て思い出した。そうだ、アシュガバットは、「夜十一時以降外出禁止令」が出ているのだ。車に乗っている分には問題ないが、この時間に外を歩いているのを警察に見つかれば逮捕されることもあるらしい。「こんなところで捕まったら何されるかわからないな。こわいなあ……」と言いながら、街灯の光に照らされた警察の男たちの姿を、サファリパークでライオンを眺めるかのような気分でぼくは見ていた。

ホテル探しに苦戦し、最後にはそのために乗り合いタクシーのドライバーとやはり口論になり、またこの展開かとウンザリする。しかも着いたホテルは値段が高いわりにクオリティがひどい（便座はないし、シャワーも見るからに入りたくない代物《しろもの》だった）。しかしそれ以上ふらふらと宿探しをするわけにもいかず、とりあえずそこに泊まることにした。

翌日、明るいなかで街を見ると、アシュガバットはやはり想像していなかったほどきれいに整備された街だった。ただ、それ以上に驚かされるのは、大統領の大きな肖像写真が、あらゆるところに貼ってあることだ。「中央アジアの北朝鮮」という称号を得ただけはある。金正日に負けてない独裁者ぶりがうかがえる。

町の中心部に行くと、太陽のほうを向き続けるようにゆっくりと回転する初代大統領ニヤゾフの像がある。ニヤゾフはすでに亡くなっているが、その影響力がまだ小さくないことがよくわかる。

本屋に行くと、ニヤゾフの著作である『ルーフナーマ（RUHNAMA）』が壁一面に並んでいるのが目に入る。そしてその直後に気づかされた。店内の壁のほとんどが、黄緑色の表紙のその本だけで満たされていることを。しかもいろんな言語のものがあり、日本語バージョンもあるではないか。『魂の書』というタイトルがついていた。

やれやれ、これはすごいな……。大ベストセラーになったらしいのも納得だ。何しろ、ほとんどそれしか本がないのだ。

ぱっとしなかったホテルを一日で出て、家を宿にしている民家へと移動した。

居心地はとてもよかった。一人一日五ドルでしかないのに、朝でも昼でも晩でも、「さあ、お食べ、お食べ」とお茶や食事を出してくれる。赤い絨毯の大きな部屋にマットを敷き、その周りに座って家族と一緒にご飯を食べた。煮込み麺のようなものや、ピラフやパン。言葉はあまり通じなくとも、なんとなく笑い合っているだけでうれしかった。国の状態がどうであろうが、そこに暮らす人間自体はほとんど変わらない。

トルクメニスタン滞在はほとんど、その家族と戯《たわむ》れ、食事を一緒に食べただけで終わっていった。もともとビザがトランジットで五日間しかいられないこともあり、遠くに行くこともできなかったので、この家族の家に一泊した翌日、イランへと向かうことにした。

アシュガバットからイランの国境までは二〇キロほどだった。キンキラの独裁都市から、みるみる風景は変わっていく。晴れわたった真っ青な空に下に、真っ白の雪山が迫ってきた。

「スキー場みたいだな……」

ぼくは思った。でも、あの山の向こうには、まったく異なる世界が広がっているのだ。

Ⅲ

イスラム、国境、人種

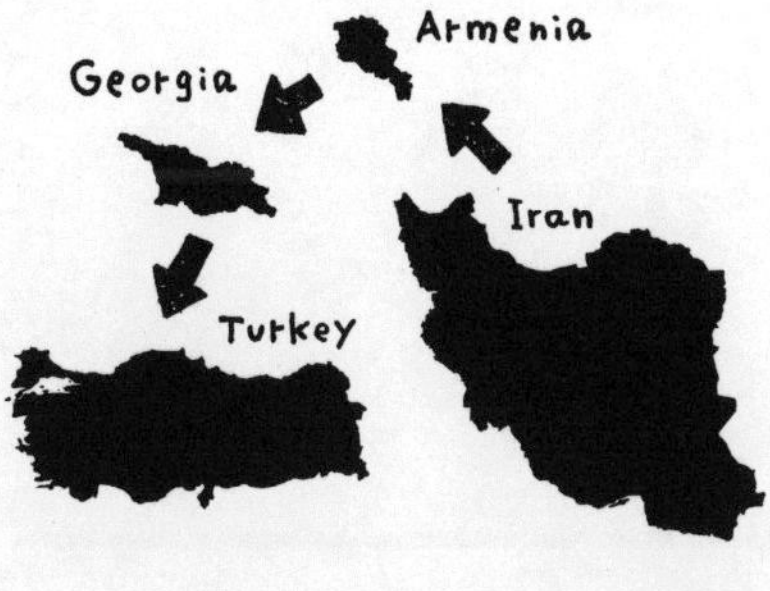

14

イスラムの聖地マシュハド

「ここが国境だ」

タクシーの運転手に言われて降りると、少し先に入口ゲートのようなものがある。ここが国境のトルクメニスタン側なのだろう。そこを通ってなかに入ると、緩やかで美しい雪山が複数見えた。待っていた乗り合いバンに一人一〇ドル払って乗りこむと、車は山のほうに向かって走り出した。

二、三〇キロほどだろうか。山の合間を抜けるように車は走った。そして降りたところは、トルクメニスタン側の出入国審査場の前だった。

ユーラシアを横断しながらぼくはある雑誌に国境をテーマにした連載をしていた。北朝鮮と中国の国境での体験から着想を得て、一本の線が生み出す人為《じんい》的な断裂について書いていった。ユーラシアを横断しているかぎりネタも尽きないため連載は続き、その仕事は大陸横断のための大切な資金源の一つになっていた。

だから、国境の様子はいつもなんとか写真に収める必要があった。撮影禁止という空気がありありと感じられる場合でも、機会をうかがってカメラを出した。

トルクメニスタンの出国審査が終わって建物を出てしばらく歩くと、ここからがイラン、というゲートがある。そのゲートの前で振り向いてトルクメニスタン側を向くと、建物にはやはり、アシュガバットの町で見かけたベルディムハメドフ大統領の大きな肖像画が掲げられている。濃い眉毛と、しっかりと撫《な》でつけられた黒い髪。

「この国は最後の最後までこの顔だったな」

そう思いつつ、取り出したカメラを目立たないように身体の前にくっつけて、その顔に向けて何回か適当にシャッターを押した。そしてイラン側へとゲートをくぐると、すぐに「アザーン」が聞こえてくる。イスラム教の礼拝の時刻を告げる呼び声だ。青空のもとに響くそのアザーンは、ここから真のイスラム世界が始まるのだ、と宣言しているかのようだった。

「いよいよイランだな。カメラが見つかったら、ほんとにやばそう」

アザーンの声に気持ちが高ぶると同時に、隠し撮りする勇気もなくなり、ぼくはカメラをバックパックにしまってイランの大地へと足を踏み入れた。ここから先には、トルクメニスタンの大統領の肖像画はもちろんない。だがその代わりに、初代のイラン最高指導者ホメイニ師の肖像画がやはり大きく飾ってあった。文字はすべてアラビア語。再び数字も文字もまったく読めない世界が始まった。モトコは、「こんな感じでいいかな?」と言いながら、用意していたスカーフを頭に巻く。イランでは、外国人でも旅行者でも、女性はみな一様に、頭を布で覆《おお》わなければならないからだ。

税関の荷物チェックもない適当な入国審査を終えると、外にいた車に、簡単に交渉してから乗り込んだ。


最初の目的地であったマシュハドの街なかに着いたのは、すでに日が暮れたあとだった。暗くなった街なかはオレンジ色の街頭で照らし出されている。そのなかを、とりあえず泊まれる宿を探して歩き回った。まだ人通りは多く町は賑《にぎ》やかだった。

「でもその割になんか真っ暗な印象やなあ。どうしてやろう」

モトコが言う。たしかに、街が深い闇に包まれているような印象があった。車通りも多く、クラクションも鳴り響き、アジアらしい活気はある。だからすぐにはわからなかったが、歩いているうちに気がついた。

「そうか、これは服装のせいじゃないか?」

おそらく、女性たちがみな、「チャドル」と呼ばれる真っ黒な布で全身を覆っているからなのだ。暗く見える遠い場所にも、よく見るとチャドル姿の女性たちの姿がある。男たちも心なしか黒っぽい服装の人が多いように見える。ここでは、人の姿がむしろ闇を作り出しているようだった。

チャドル姿の女性で溢れる風景は初めてだった。これまでとはまったく別世界の空気感がある。イランに来たんだ。ぼくは目の前の闇の深さにゾクッとしながら、そう実感した。

なんとか適当な宿が見つかり、その後食事をするために町を歩いていると、モトコが言った。

「なんか、めっちゃ男の人に見られてる気がするんやけど……」

言われてみると、たしかにモトコはやたらと男たちの視線を集めていた。通り過ぎる男たちが、ニヤッとしながら彼女の全身に目線をやって通り過ぎる。外国人だからということはあっただろう。しかしそれ以上のものをモトコは感じたようだった。そして気がついた。

「あ、もしかしたら、股のあたりのシルエットが見えてるのって私だけかも」

チャドルを着てない女性はいるものの、そういう人たちもみな、股のあたりまでは隠れるような大きな服を上に着ている。腰から股にかけて、ジーンズの下にシルエットがそのまま見えているのは、どうもモトコだけのようなのだ。

「もしかしてこれじゃ下着姿で歩いているように思われるのかもしれへん！」

モトコはハッとしたようにそう言った。そして翌日からは、下半身のシルエットが見えないように、ジーンズなどの上からスカートをはくようにすると、男たちの熱い視線は消えていった。

そんな体験から始まったイランは、たしかにこれまでとは異質な、独特な雰囲気のある国だった。それはマシュハドという町のせいもあったのかもしれない。ここはとても重要な聖地で、イスラム色が極めて強かったからだ。

イスラム教は大きくシーア派とスンニ派に分かれる。イスラム教徒全体では、スンニ派が圧倒的に多数派で、シーア派は全体の一、二割にすぎないが、イランは九割をシーア派が占めている。

マシュハドは、そのシーア派にとっての重要な聖地の一つである。エマーム・レザーというイスラム世界の重要人物が殺され葬《ほうむ》られた「殉教《じゅんきょう》の地」として知られ、彼が祀《まつ》られたエマーム・レザー廟《びょう》がここにある。そのため多くの人がイラン各地から巡礼にやってくる。ぼくたちがマシュハドに来たのも、その廟を見るためだった。

神聖な場所だけあって、廟に入るためには女性はみなチャドルを着なければならない。だからモトコも、近くの店でチャドルを買い、全身真っ黒の姿になった。チャドルを着ると、彼女も町の風景のなかに違和感なく溶け込んだ。

入口でボディチェックを受けたあと廟の敷地内に入っていくと、白いタイルが敷きつめられただだっ広い広場に出る。その周りをモスク（礼拝堂）やメドレサ（学校）などの建築物が取り囲む。

それぞれの建築物は、淡い青や緑を基調とした繊細な幾何学模様《きかがくもよう》で表面を美しく覆われている。その中の広い空間には、赤と白を基調としたペルシャ絨毯が敷き詰められ、大勢のイスラム教徒たちが溢れんばかりにひしめいていた。

ざわついた音のなか、それぞれに声を上げ、聖地メッカの方角に向かって祈りをあげる。立ったままでコーランを開き、声に出して読んでいる人も大勢いる。そんな風景が、いくつもある建物のなかのあらゆる部屋で、どこまでも広がっている。圧倒された。中央アジアで見た歴史あるイスラム建築は、そのほとんどが本来の役割以上に遺跡であり観光地であるという印象だった。だが、ここは違った。エマーム・レザー廟はまさに、いま生きるイスラム教徒たちのための場所なのだ。

その様子を横目に見ながら、イスラム教徒のエネルギーが最大となっているはずの廟の中央部分に向かっていった。この廟の核となる、エマーム・レザーが眠る場所だ。

その建物に入ると、まるで巨大な宝石のなかにいるかのような気持ちになった。壁も天井も凸凹のミラーのようにキラキラと光り、黒を基調とした人々の服装を補って余りある明るさで空間を輝かせていた。ぎっしりと集まったイスラム教徒たちが、立って、座って、祈りをあげる。その横を通り抜けて、まさに中心へと入っていくと、熱気は最高潮に達していた。

部屋はうっすらと緑がかったまぶしいほどの光に包まれている。中央に、大きく壮麗《そうれい》な銀色の箱状の物体が置いてある。これがエマーム・レザーの墓のようだった。

その物体に向かって人々が、我も我もと近づいていき、手を伸ばす。なんとか手を触れ、細密な模様が彫《ほ》り込まれた美しい格子窓のような側面部分にしがみつく。そして、それに触れた手で自分の顔を撫《な》で、また自分の持ち物もそこにこすりつける。感極まって涙をこぼしている者も少なくなかった。

将棋倒《しょうぎだお》しになったら一〇〇人単位の死者が出そうなほどの人だかりのなかで、誰かが、祈りの言葉らしきひと言を叫ぶと、それに呼応するように大勢がいっせいに「おおーっ」

と雄叫《おたけ》びを上げる。そして、次々に入ってくる人に押し出されるようにその部屋を出ていく人もみな、後ずさりながらその物体を見つめ、手を胸に当てている。

雄叫び、すすり泣き、押し合う感触、ひといきれ、反射する光、黒いチャドル。イスラム教が内に秘めるエネルギーがその狭い空間で一気に爆発しているかのようだった。これがイスラム教なのか——。ぼくは、その計りしれない莫大《ばくだい》なエネルギーを前に、身震《みぶる》いした。

一方、エマーム・レザー廟に行く前に、こんなことがあった。廟に入るためにモトコのチャドルを買いに行ったときのことである。

「この店には、チャドルありそうやな。でも、いったいどうやって選べばいいんだろう」

などと話しつつ、さまざまな色の布が壁にずらりと並んだあるお店にぼくらは入った。すると、なかにいた数人のチャドル姿の女性たちが、興味深そうにぼくらを見る。「チャドルを探しているんですが」。モトコが店員にそう伝えると、店員とともに客の女性たちも、一緒にチャドルを選んでくれ、その着方を親切に教えてくれた。このとき、そのうちの一人がとったちょっとした行動がぼくの心にいつまでも残ることになった。

「ほら、こうやって着るのよ」

そう言ってその女性は、笑顔で自分のチャドルを開いて見せてくれたのだ。厳しく身体を隠すイランの女性のチャドルの内部を見ることなど考えてもいなかったため、ぼくは、その行動にまず驚いた。そしてそのなかに彼女が着ていたのがジーンズとセーターといったまったく〝普通〟の洋服だったことにもまた驚かされた。

そして、モトコがその女性たちに手伝ってもらいながら、袖のあるアラブ式チャドルを着ると、一分もかからないうちにモトコも彼女たちと同様の姿になった。

たったそれだけのことではある。でもその一連の様子を見ながら、ぼくは思ったのだ。イランの人々と自分たちの距離は、考えているほど遠くないのかもしれないな、と。

エマーム・レザー廟のすさまじい熱気を体験したあとも、その気持ちはずっと変わらず自分のなかにあり続けた。

15

マリオ野郎

ぼくらがイランを訪れた二〇〇八年は、ちょうどこの国が核開発問題でアメリカと緊迫した関係になっていたときだった。〇七年十月にパキスタンとの国境に近い南東部で日本人が誘拐される事件が発生したこともあり、イランは不穏なイメージで覆われていた。

そのため、イランに行くことに対して多少不安がないこともなかった。反米意識が強まっていて、その同盟国である日本に対してもいい感情は持たれていないかもしれない。そんなことも頭をよぎった。ただ、これまでの経験からいえば、そういう不安は、行くと見事に裏切られることがほとんどであることも実感していた。

そもそも自分たち日本人をはじめ、非イスラム圏の多くの人間がイスラム教国に対し不穏なイメージを持っていたのは、この時期にかぎったことではないだろう。〇一年のアメリカの同時多発テロ以降、イスラム教はほとんどいつもテロやテロリストと関連づけて語られてきたからだ。「イスラム教徒＝自爆テロ」といった見方を、「日本人＝ニンジャ・ゲイシャ」的な偏《かたよ》ったものだとわかっていながらも払拭《ふっしょく》できずにいることを、自分自身否《いな》めなかった。

しかしイランを訪れてみると、そのイメージはみるみるうちに変わっていった。メディアから得たイメージとは異なるこの国の顔が次々に見えてきたのだ。

そんな最初の経験を与えてくれたのは、マシュハドの次に訪れたネイシャブールという小さな町だった。マシュハドの駅で、「どこか小さな町で現地の人の家に泊まってみたいのですが」と職員の女性に尋ねて教えてもらったのがここだった。

「じゃあ、ネイシャブールがいいわ」

彼女はそう言って、紙にペルシャ語でこんなことを書いてくれた。

《この二人の日本人はイランの村の生活を見てみたいと言っています。誰か泊めてあげて

ください》

その紙を持って、ぼくらはマシュハドの駅から電車に乗りこんだ。二時間ほどでネイシャブールに到着した。駅の外は人もまばらで、葉を落とした寒そうな木々が通り沿いに並ぶ。たしかに小さな町のようだった。

「さて、どうしようか……。適当に人に話しかけてみるか」

まったく何も決まらないまま、ぼくたちはまず通りがかったタクシーの運転手に話しかけ、書いてもらった紙を見せた。すると運転手は、こんな感じのことを言ってくれた。

「じゃ、うちに泊まっていけよ！」

運転手は、口ひげを生やした五十歳前後の細身の男性だった。見るからに善人という雰囲気でもなかったけれど、悪い人にも見えなかった。ありがたく彼の家に連れていってもらうことにした。

運転手の家があったのは、ネイシャブールから五キロほどのアブサディという村だ。土壁の家が並んでいる。通りには雪が残り、土と混じりあって轍《わだち》や水溜《みずたま》りをつくっていた。遠くには、晴れ渡った青い空を下から支えるように雪山が延々と横に広がり、その雪の白と対照をなすように、通りにはチャドル姿の女性たちが忙しげに歩いている。一方、男たちは何をするでもなく壁際に座ってダラダラと話し込む。男社会っぷりがまず印象に残った。

運転手の家は、彼の子どもたち夫婦やらで賑わう大家族だった。

「こんにちは！」

快活に挨拶をしながら、運転手に続いて家のなかに入れてもらった。当然ながら子どもたちも大人たちもみな、「え、誰？」と驚いた顔でこっちを見る。若い女の子が多い家だな、とぼくは思った。そして少し申し訳ない気持ちになった。いきなり知らない男が家に来て、彼女たちが慌《あわ》てているのがすぐに見て取れたからだ。

女性たちは家のなかでは頭の布を取っていたようだったが、ぼくが入ってきたことで、慌てて布で頭を覆った。みな初めは警戒している様子だったが、運転手に紹介されてなんとなくニコニコ笑っていると、すぐに打ち解けることができた。言葉は通じない。ただ、十六歳の少年が話すわずかな英語と、ぼくらの知ってるペルシャ語一〇単語ぐらいでも、想像力を働かせればけっこう会話はできるものだ。何歳？ 名前は？ これはペルシャ語ではなんていうの？ 日本語では？ そんなところから始まって、誤解しまくりながらも楽しく話が弾《はず》んでいった。

モトコは若い姉妹たちと一緒に台所に行きご飯作りを手伝う一方、ぼくは家族の男衆と、やれ水タバコだ、やれメシだ食え食え、あとは座ってろ、がははは−、という男中心の世界にどっぷり浸《つ》からせてもらうことになった。モトコは女の子たちと本当の姉妹のように仲良さげになり、ぼくも運転手や少年たちと、身体を軽く叩き合ったり笑い合ったりしながら親しくなっていった。

食事は、居間の大きな赤い絨毯の上に、直接テーブルクロスのようなビニールのシートが敷かれ、その周りを囲むようにして座って食べた。ナポリタンのようなパスタに、大きなナンとトマトソースの副菜。食べ慣れた洋風の味だった。

驚いたのは、食後のことだ。運転手がぼくにジェスチャーを交えながらこう言うのだ。

「お前もやるか?」

出てきたものはアヘンのようで、彼はおもむろにそれを吸いだした。アヘン自体はそれほど珍しくはないものの、イランで、ということに驚いた。イランでは麻薬の所持に関しては死刑にもなるほど厳しいと聞いていたからだ。

「大丈夫なの?」

そう尋ねると、「いや、見つかったら死刑だよ」みたいなことを、笑いながら言ってくる。しかし誰も気にする様子もない。この国では酒も何もすべてご法度《はっと》と思っていたが、実態は違うのかもしれない。そんなことを肌で感じながら、貴重な一晩を過ごさせてもらった。

翌朝、運転手一家の家を出て再びネイシャブールの駅の近くまで来ると、再びあてもなくなり、「とりあえずテヘランまで行ってしまおうか」ということになった。その日の夜行列車に乗ることにしたが、テヘラン行きは夜十一時半発で、そのときまだ朝九時過ぎ。夜まで荷物を駅に預けて、町を散策することにした。

マーケットをぶらぶらと歩いたあと、食堂でゆっくりとケバブランチのようなものを食べ、賑わっている繁華街までやってきたがまだ時間は相当あった。

「適当にバスに乗ってさらに田舎のほうまで行ってみようよ」

「そうだね、そうしよう」

行き先は決めずにただ遠くまで行くバスに乗って、気が向いたところで適当に降りる。そうすることを決め、どこでバスのチケットを買ったらいいのかを訊いてまわった。

しかし、そんなときのことだった。突然、事件が降ってわいてきた。

大きな交差点を通りかかったとき、パトカーがすごい勢いで近づいてきた。「キキキーッ」と大きなブレーキ音を立てて、ぼくらの横に停車した。なんだろう、事件かな、と思って見ていると、口ひげを生やしたスーパーマリオのような警官がこちらに向かって走ってくる。なんと狙《ねら》いはぼくたちのようなのだ。え、なんで？　と唖然《あぜん》としていると、マリオはぼくの真ん前に立ち、ぼくが手に持っていたカメラを指差してこう言った。

「ノー・フォト！　カム・トゥー・ポリス！」

まったく予期しない展開に驚いたが、自分が連行されようとしていることはわかった。町なかの写真を撮ってはいけないということはないはずだし、そもそものときは何ひとつ撮ってもいなかった。しかし、やっかいなことになっていることはたしかだった。イランでは、警官と称してパスポートや金品を奪って逃げるやつがいると聞いていた。これがそのニセ警官なのではないか。

「パスポートを見せろ！」

マリオが言う。「なんでだ？」と訊き返すが、よくわからないので、コピーを見せた。

「それじゃだめだ。実物を見せろ」

コピーのままではどうにも話が進まない。どうするべきか考えた。ただ、交差点にはすでに五〇人ぐらいの大きな人だかりができていたため、もしニセ警官だとしてもそんなに無茶はできないはずだ。そう考えて、パスポートを見せることにした。しかし、渡してしまえば、それを「人質」に警察まで来い！　と言われかねない。だからぼくは、パスポートから手を離さなかった。

するとマリオは、「かせ！」とばかりにパスポートを激しく引っ張った。

「いいじゃないか、見せてるじゃないか！　これで見えるだろ！」

そう言っても納得しない。そのうちに、警官はパスポートを引っ張りながら、なんと握りつぶしてしまったではないか！

「おい！　ふざけんな！」

ぼくは本気で頭にきて、二つに折れたパスポートを力任せに取りあげた。そして言った。

「日本大使館に電話させろ！」

しかし警官は英語交じりのペルシャ語で「だめだ、警察まで来い！」と繰り返すばかり。なんなんだこのマリオ野郎は……。そう思いつつも、どうすればいいのかわからない。群衆がいったいどちらの味方なのかも。自分の行動次第で一気に取り巻きの男たちに取り押さえられないともかぎらない。

緊張が走った。どうするべきか。

するとそのとき、群衆のなかから英語を話せる一人の若い男の子が出てきてくれた。

「ぼくは英語が少しわかるから、何か役に立てるかもしれない」

ぼくらに同情的な顔をしているのが見て取れた。それはこの状況下でとてもありがたいことだった。彼に頼んで、通訳をしてもらうことにした。

そのおかげで、少しスムーズに会話が成立するようになると、「じゃあ、電話してみろ」とマリオも折れた。公衆電話があるところへと移動して、日本大使館へ電話をかけられることになった。

しかしなぜか電話が通じない。

「まったくこんなときになんでだよ……。頼む、出てくれ」

そう思いつつ何度もかけたが、誰も出ない。だめだ。

電話をあきらめると、「それならとりあえず署まで来い」とマリオは言う。絶対に行かないと言い続けると、そのうちに、位が高そうな私服警官が現れた。ただ、この人物も怪しげだった。何しろ「外国人担当」だというのに、ひと言も英語を話せないのだ。そしてそのまま、「パスポートを渡して警察に来い」「いやだ」という会話が延々と二時間近くも続いていった……。ぼくらからすればあまりにも理不尽な展開だったが、どうにも解決の糸口が見えなかった。

しかしそのうち、今度はやたらと英語堪能《たんのう》なおじさんが登場した。どうも警察官の友だちだということらしかった。英語要員として呼ばれたのだろう。にもかかわらず、彼が一番の決定権を持っていそうなのが不思議だったが、いずれにしても彼が来たことで一気に状況が前進した。

「イランへようこそ！　イランではどこに行ったんだい？　何も問題はないから大丈夫だ、安心しなさい」

すさまじく友好的なオーラを出してまとめにかかった。ぼくもモトコも、このころすでにかなりの疲労と苛立《いらだ》たしさに満たされていたので、まくしたてるように一気に彼に状況を伝えた。すると「そうかそうか」と、ついにぼくらが何も悪くないことをわかってもらえた。そうしてなんとかその場は収まったのだった。

結局最後までなんだったのかはわからないままだった。だがとにかくほっとした。最後まで見守っててくれた若い男の子に礼を言って、ようやくその場は解散となった。男の子はハミッドという名の高校生だった。

「とんだ展開だったなあ……。いったいどういうことだったんだろう」

ぼくもモトコもぐったりとして、喫茶店のような店に入ってしばらく休んだ。しかしずいぶんと時間がつぶれたことはたしかだった。そのうちにだんだん暗くなった。「そろそろ駅に行こうか」と、店を出て駅に向かった。しばらく歩いていると、またぼくらの近くに車が止まった。パトカーではなかったが、今度はなんだろうと少し警戒していると、なんと驚いたことに、現れたのは、先の英語堪能なおじさんだった。

「さっきは大変だったね。よかったら今日、ぼくのうちに泊まりに来ないか」

そう彼は言った。物腰が穏やかで感じのいい人だったが、登場のタイミングがあまりに不思議で、なんだか気味が悪かった。偶然なんだろうか？　それともつけられてたのだろうか？　そのうちに彼は、自分の素性《すじょう》を少し話した。彼は指が一本か二本なかったのだが、それがなぜなのかを説明し出した。

「イラクとの戦争で、ぼくはこの指をなくしたんだ」

本当かもしれなかったし、本当ではないかもしれない。しかしこのときは直感的に、ぼくもモトコも、なんとなく危険な空気を察知した。そして、こう言って断った。

「ありがとう。うれしいけれど、今日テヘランに行くことになってるんだ」

すると彼はすんなりとわかってくれた。「そうか、わかった。残念だけれど、元気で」。そう言って車に乗って去っていった。

彼が去っていくのを確認しながら、ぼくは考えていた。

「彼についていったらどうなっていたのだろう」

あの車に乗りこんだら、思い出深い貴重な経験ができたかもしれない。あるいは本当に大変な展開になっていたかもしれない。ただ確実にいえるのは、選ばなかった道のことはいつまでもわからないということだけだった。

旅のなかの一つの選択が人生を変えることは少なからずある。それこそが旅の醍醐味《だいごみ》でもあり、また危険性でもある。ただ、そのときどういう選択をするかこそが、それぞれの個性であり人生にちがいない。危険な展開を想像するとぞっとするが、おそらく大丈夫だったはずだ、という気もする。そして、そうした選択のなかに常に身を置きながら生きられる日々は、ある意味とても幸せなことなのだとも感じるのだった。

その後、夕食も終えてから駅まで戻ったが、まだ七時だった。十一時半まではかなりある。そこで、がらんとした駅の待合室でアルミ製の冷たい椅子に座ってパソコンを開き、"Super Size Me" という映画を見ることにした。マクドナルドの食べ物だけを朝昼晩三十日連続で食べ続けたらどうなるか、というアメリカの実験的ドキュメンタリーで、見ていると自分たちがイランの小さな町にいることを一瞬忘れそうにすらなった。

だが、そんなとき、一人の若者がぼくらを現実に戻してくれた。

「ユウキ」

と呼ばれたので、え、と思い、パソコンから顔を上げると、そこには、通訳をしてくれた先の高校生が立っていた。モトコと片方ずつつけていたイヤホンを外して、「ハミッド！」とぼくらは言った。

「二人に会いに来たんだよ」

まだ顔に幼さの残るハミッドは、あのときからぼくらに強く興味を持ってくれていた。

あの出来事のあと、これからどうするんだ、どこに行くんだ、とぼくらに熱心に訊いてきた。ゆっくり話をしたかったものの、そのときはあまりに疲労していたため、適当に別れてしまっていた。その彼が、ぼくらの列車の出発時間に合わせて、駅までやってきてくれたのだった。手にはプレゼントを持っていた。イスラム教徒がお祈りのときに使うという数珠《じゅず》のようなものだった。

「ああ、二人に昨日会えて、うちに泊まってもらえたらよかったのに……。お母さんも二人をぜひうちに招待しなさいって言ってたんだ」

残念そうにハミッドは言った。彼が心からそう言ってくれているのがよく伝わってきて、そのやさしい気遣いが本当にうれしかった。ぼくは今日発つことにしたことを後悔した。

彼にとっては、日本人のみならず、外国人と話すこと自体がとても珍しいことであるらしい。イランの外の世界を見たい、知りたいという気持ちに溢れているようだった。

「今度ネイシャブールに来てくれたら、ぜひうちに泊まってほしい」

その言葉をありがたく受け止めた。自分たちがこの町にもう一度来ることがあるかはわからない。でも、ハミッドには気持ちどおりの言葉を伝えた。

「うん、今度来たときは、絶対に泊めてもらうよ。本当にありがとう」

いつか、ハミッドがいるからこそこの町を訪れるときがくるかもしれないと、ぼくは思った。そして彼を見ながら、さっき家へと誘ってくれた英語堪能なおじさんも、おそらく本当に親切な気持ちでぼくらに声をかけてくれたのではないか、と想像した。

列車が来る時間まで、待合室で一緒に待った。列車がやってくると、彼はとても名残惜《なごり》しそうに、ホームでぼくらを見送ってくれた。

「また会おう」

そう言ってぼくらは暗闇のなか、間もなく出発しようとする古い列車に乗り込んだ。車内はすでに薄暗い。狭いコンパートメントの二段ベッドの上の段に這《は》い上がり、ぼくもモトコもすぐに寝ついた。

16

イランのほがらかな人々

気がつくとすでに朝の陽ざしがまぶしい時間になっていた。「もう朝か……」と下を見るとすでに下段のベッドは折りたたまれ、男たちが席に並んで座っている。その中に入れてもらうとみなに声をかけられる。「ジャポン、ジャポン」と言って笑っているぐらいしかできなかったが、少し英語のわかるマクスッドという男性がこう言ってくれた。

「ぼくもテヘランで降りるんだ。もし泊まるところが決まってないならうちに泊まってくれればいいよ」

ジョージ・クルーニーのような渋さを漂わせた三十九歳のマクスッドは、都会的なマンションに、九歳の息子と生まれたばかりの赤ちゃんと奥さんと四人で暮らしていた。訊くと奥さんは二週間前に帝王切開《ていおうせっかい》で娘さんを産んだばかりだという。「そんなときによかったんだろうか」と申し訳なく思ったものの、奥さんは「どうぞどうぞ」と、美味しいイランの手料理でぼくたちを歓待してくれた。きっと無理をさせてしまったことだろう。でも、作ってもらったイランの手料理――肉、イモ、野菜などを混ぜたペーストやイラン風ピザ――は本当に絶品だった。

同席した大学生の甥《おい》・フセインは、ぼくらにアラビア語の書き方を教えてくれた。九歳の息子は、「サイタ、サイタ、チューリップノハナガ――」と、覚えて歌ってくれるようになった。ぼくたちはこの穏やかな家族のもとで一晩ぐっすり休ませてもらった。イランがまたぐっと身近になった。

マクスッドの家族と別れると、久々に安宿生活に戻ることになった。自動車工場などが多い安宿街に部屋を見つけて一週間ほどテヘランに滞在した。

どこも車や人でごった返していた。クラクションが響きわたり、人の雰囲気もマシュハドやネイシャブールとはかなり違う。中でも驚かされたのは女性の姿や服装だった。チャドル姿の女性が少なく、頭を隠す布についても、若い女性は、どれだけ髪の毛を露出させるかを競うかのように上にあげたりしているのだ。髪を染めている子もいたり、布もグッチやヴィトンのスカーフだったりする。

「おお、やはりテヘラン。みんなすげえ大胆だなあ」

何度となく、ぼくはモトコにそう言った。チャドル姿の女性ばかりを見たあとだと、髪の毛が露出しているだけですごい大胆に見えるのだ。

しかし、それが大っぴらに許されているかといえばそうではない。デパートなどの前には、宗教警察というのだろうか、彼女たちの服装をチェックする役割の人間が立っている。あまり派手にやりすぎると彼らに捕まるのかもしれない。崩壊しそうな価値観を国が必死につなぎとめようとしている様子が感じ取れた。

テヘランを出ると、さらに西へと移動した。まず訪れたのは、イランの北に隣接するカスピ海の近くの、ラシュトという小ぶりな街。そこの静かなレストランでいつもどおりにケバブなどを食べていたときのことである。今度は、大柄な身体を真っ黒の服で包んだモジャモジャひげの男性が、ぼくらに声をかけてきた。家族連れの彼は、ペルシャ語ベースの片言の英語でこう言ってくれた。

「私たちはアルダビルに住んでいる。ぜひうちに、泊まりなさい」

そう言って、連絡先と住所をくれた。このころになると、イラン人のこういう誘いが決して社交辞令ではないことがわかってくる。きっと本気にしていいその誘いを、ぼくらはありがたく受けることにして、ラシュトから次の行き先への通り道であるアルダビルに寄ることにした。

バスをアルダビルで降り、彼に電話をかけると、すぐ迎えに来てくれた。「おお、よく来てくれた！」とその男性、アミール（以下の展開上、仮名）は喜んでくれ、そのあと、奥さんと一歳の娘さん、さらには奥さんの兄で英語を話すホセイン（同様に、仮名）とも合流した。

アミールも、マクスッドと同じ三十九歳。彼はまるで、芸人のような雰囲気の気さくな人物で、自分を指してこう言った。

「ミー、フィルムディレクター、アクター！」

つまり、映画監督かつ俳優なのだという。DVD屋の前を通ると、貼ってある映画のポスターの大物っぽい役者を指差し、「ほら、これがおれだ」と言う。イラン映画の巨匠《きょしょう》キアロスタミとも親交があるらしい。ただ、あまりに力の抜けた彼の雰囲気に、冗談を言っているのかなとも思ってしまう。ポスターの顔も微妙に違う気がしないでもない。そっくりさんで売っている芸人なのかとも想像した。だが、どちらであったとしても、じつに楽しい男であることは間違いなかった。

「よし、飯を食おうか」

アミールがそう言い、みなで車に乗りこんだ。レストランにでも向かうのだろうと思っていた。しかし気づくと一時間近く、街なかの似たような場所をウロウロと走り回っているだけだった。どこに行くの？　と訊いてみると、どうもアミールは、ぼくらのためにシャンパンを振る舞うべく、なにやら画策しているらしかった。

イスラム教の教えに従って法律がつくられているイランでは、飲酒は禁じられている。そのためもちろん、街でも一切アルコール類は売っていない。なので、「え？　シャンパンなんて飲んでいいの？」と訊くと、アミールも、ホセインも、

「なに言ってんだよ、ノープロブレム！　シャンパン、ビアー、全部ＯＫ！」

ってなことを言うのである。

ただそのころにはイラン人のそんな言葉にもだんだんと慣れてきていた。厳格なイスラム教国というイメージは自分の中ですでにかなり崩れていた。たとえば、テヘランで話したメガネ屋の男性はこんなことを言っていたのだ。

「ぼくら若い世代は、ほとんどイスラム教なんて気にしていないんです。酒だって飲むし、パーティだってやります。そういう場では女性はもちろん頭にスカーフなんてつけな

いし、ドレスを着ます。イランは街なかにそういうものがないだけで、家の中にはなんでもあるんです。日本やアメリカと同じですよ。礼拝も、九割ぐらいの人はやってないんじゃないかな」

また、マースーレーという町の水タバコ屋では、テヘランの大手日系電機メーカーで働いているというイラン人がこう言った。

「いまは若者の薬物中毒が問題なんです。若者の五〇パーセント以上がそうなんじゃないかな。酒はイランでは手に入れにくいけど、薬物はほしいと思ったらすぐに手に入るし、安いんです。だから、みんな手を出します。ぼくの妻も、ぼくにタバコを吸わせないように目を光らせているけれど、タバコをやめたら薬物に走るんじゃないかって心配してるんですよ」

イラン人は誰もが、アザーンに合わせて日の出前からアッラーの神に礼拝しているのだろうと思っていた。だからこれらの言葉は、一つひとつ衝撃だった。そしてその後、会う人会う人に、酒は飲むのか、礼拝はするのか、という質問を投げかけるようになった。するとだいたい、

「礼拝はたまにする。でも酒は飲むよ」

といったあたりが平均的な答えのようだった。

そうして個々の人と話していくうちにぼくの中でのイランのイメージが少しずつ変化していく。アミールたちと行動をともにしながら、そうか、いま自分は、そういうリアルなイランの現場にいるんだな、とちょっとうれしくもなった。

さて、アミールは酒をどうやって入手するのだろうか。

しばらく走り回った後で車を止めて、子供服の店に入っていった。「最近どうだ?」などと世間話をしているのかと想像したが、見ているとその主人が、紙に電話番号を走り書きし、アミールはそれを受け取ると「よし、行くぞ」と店を立ち去った。その番号に電話をかけながら、またしばらく車で走り続ける。

すると途中で、謎の売人みたいな人物が車に乗り込んできて、彼の指示でまた走り回る。また止まり、アミールとその謎の男が外に出る。アミールがけっこうな大金を売人に渡すと、売人は闇の中に走っていく。そしてスーッと売人のそばに謎の車が停車して……戻ってきた売人は、手に紙袋を持っていて、中からはめでたく一本のウィスキーが出てきたのだ(シャンパンではなかった)。じつに怪しげで危ない取引のニオイがしたが、「ほら、上物だぜ」という顔でアミールはそれをぼくらに見せてくれる。そうしてようやく準備が整い、それを持ってケバブ屋さんに入って、夕食となった。二時間も走り回った挙句《あげく》のことである。

ウィスキーを手に入れたとはいえ、さすがに外で酒を飲むのはイランではありえないだろうと思っていた。しかし、「友だちの店だから大丈夫！」と、アミールは、店の奥のほうの席に陣取ると、プラスチックのコップにウィスキーをコーラのようにゴボゴボと注《つ》ぎだし、いきなり一気飲みするのである。

「ぷはー、うめえー！　ユウキも飲めよ！」

そう言ってぼくにも注いでくれると、場はどんどん盛り上がっていく。勢いづいたホセインからも、驚きの発言が連続する。

「イスラム？　そんなのもうイランにはないよ。アイラブアメリカですよ！」

さらにすごい言葉も飛び出して、「ここ、ほんとにイランなの？」と呆気《あっけ》にとられながらも可笑しくなり、だんだんとイスラム世界が身近になる。アミールの家に帰ると、ぼくはすっかりアルコールが回って、すぐにバタンと倒れこんだ。その隣で、奥さんはモトコにこう言った。

「うちの中では頭の布、取ってしまっていいんですよ」

奥さんもさっさと布を取り、ぼくの前でも髪の毛を露《あらわ》にしてのんびりと過ごしていた。

イランにいるとは思えないそんな豪快な一日を終えた翌日のこと。

アルダビルから次の町に向かうにあたり、アミールはバスのチケット代も自分が払うからとまったく譲らない。

「これは自分が払うから！　本当に、いいから！」

その勢いに押され、結局何から何までお世話になってしまった。アミールとホセインは、ぼくらのバスが出発するまで見送ってくれた。本当に感激するほど親切にしてもらったのと同時に、彼らは大きくイランのイメージを変えてくれた。

イランではこのように次々と、ちょっと不思議で素敵な出会いがあった。これまで行った国の中でも、イラン人のホスピタリティはずば抜けているような印象を受けた。それは入国前には予期しなかったことであった。

印象的なことがもう一つあった。前述の、マースーレーで出会った日系企業で働く男性が、日本とイランの違いについてこう言っていたのだ。

「日本人は白か黒のどちらかしかない、イラン人はその間にさまざまなグレーがある。そこに違いがあって、一緒に働くと難しいことがある」

それを聞いてぼくは驚いた。それは自分たち日本人が欧米人に対してよく感じることであり、自分たちがそのような指摘をされるのがすごく意外に思えたからだ。ただ、そう言われてみると、イラン人と日本人は案外似ているのかもしれないと感じることが少なくなかったことを思い出した。駅や郵便局やネット屋などで、スタッフの仕事がとても速く、サービスがいいなあと感じていたのだ。

ある駅では、チケットの売り場の場所を訊くと、すぐに売り場の人に連絡してくれ、「あの人のところに行けば、わかるようになってるから」と言ってくれた。ネット屋でも、ノートPCをつながせてくれと言ったら、電源のタコ足から二人分の椅子《いす》までをさっさと用意してくれたりする。中国にしてもロシアにしても中央アジアの各国にしても、そんなことは経験上ありえない。イランはサービスの行き届き方が、どこか日本に近いようなのだ。

マシュハドのエマーム・レザー廟の光景からアミールたちまで、すべてがイランだ。厳格なイスラムの教えを守る人々から、そうでない人まで、イランにはさまざまな人が暮らしている。自分がそれまでいかにその一側面だけしか知りえなかったかを、ぼくは実際に来てみて強く実感した。

イスラム教国やイランにかぎらず、どの国のことでも、私たちがメディアを通じて見ているのは、いうなればチャドルの黒い外見だけなのかもしれない。相手がその内側をそっと開いて見せてくれるのは、やはり現地に行ったときだけなのだ。もちろん旅で見られることもかぎられてはいる。しかし、実際に見たものは、その後、各自の中で成長する。そうして人は、相手への関心を強め、理解を深めていくのだろう。

アミールたちと別れると、いよいよタブリーズにたどり着いた。イラン北西部、アルメニアとの国境に近い町だ。ここからぼくらはアルメニアへと国境を越えようと思っていた。テヘランでいったん暖かくなり、やっと冬が終わったと思ったものの、タブリーズはまだ雪に包まれていて寒かった。

タブリーズで泊まった宿の息子と話をすると、彼はこんなことを言っていた。

「イランのイスラムは、イスラムじゃない。イスラムは人にイスラム教徒になることを強制はしない。コーランには、酒は身体によくないと書いてあるだけじゃないか。政府が強制することなどできないはずだ……」

その言葉が妙に印象に残った。その一方、同じ宿の狭い廊下で、小さな絨毯を敷いて熱心に祈りを捧《ささ》げる若い男性の姿も目に焼きついた。

タブリーズに二泊したあと、ぼくらはアルメニアへと出発した。

ここから数時間も行くと別世界になるのが不思議だった。向かっているのは、歴史あるキリスト教の国なのだ。

17

バレー部です！

「あっちがアゼルバイジャンで、向こうがアルメニアだ」

タクシーの運転手が雪山に囲まれた直線道路を走りながら、左手を指してそう言った。

イラン北西部のタブリーズから乗り合いのバンとタクシーを乗り継いで三時間ほど。タブリーズから北上すると、まずはアゼルバイジャンの飛び地にぶつかる。そしてアゼルバイジャンの大地を見ながら国境に沿って八〇キロ以上東に行くと、アルメニアとの国境にたどり着く。

ぼくらはいよいよイランを出国しようとしていた。

国境に沿って走る川の向こうにはアルメニアがある。いまから千七百年以上も前に、世界で最初にキリスト教を国教としたことで知られる国だ。その国が、イスラム教国であるイランと川一本で接している。

「川の向こうは、まさに別世界なんだろうな」

そう思いながら、ぼくは対岸に見える雪山の連なりを眺めていた。

車を降りて国境に入り、出国審査をスムーズに終えて建物を出ると、目の前には橋がある。そこを渡って川の北側に行くと、いよいよアルメニア側となる。

橋の右端を歩きながら中ほどで止まり、ぼくは右を向いて川のほうを見た。川幅は五〇メートルほどだろうか。川の右手がイラン、左手がアルメニア。両岸ともに葉のない木々などに覆われていて、寂しげだった。

この川を越えながら、ぼくはふと中国を思い出した。イランはまだアジアだし、中国の延長線上にある気がしたが、アルメニアは完全に西洋世界だ。この川の両側でずいぶんと世界が変わるように思えたのだ。

「だいぶ西まで来たよなあ……。あ、アルメニア側に人の姿も見えるね。向こうはキリスト教世界なのかあ。ロシア語が通じるのはうれしいなあ」

ぐっと遠くまで来た気はしたが、しかし言語的にはまた身近な世界に戻ることになる。大して話せるわけではないものの、ペルシャ語のイランに比べたら、ロシア語圏ならぐっと意思疎通《いしそつう》が楽になる。

しかしそれにしても、この細い川を隔《へだ》てただけで一気に世界が変わることが不思議でならなかった。そして毎度のことながら国境という境界の奇妙さに興味を引かれながら、ぼくは連載記事のために、目立たないようにカメラをかまえ、川とその両岸を正面から写真に収めた。

橋の向こうのアルメニア側の大地には、歩哨《ほしょう》というのだろうか、二人の男が立っている。彼らはずっとこちらを見ている。ぼくが写真を撮ったことにも気づいたにちがいない。しかし何も言ってこないし、動く気配もない。また何気なくカメラをバックパックの中に戻して、再び橋を渡り出した。しかし、橋を渡り切ってアルメニア側へ着くと、二人の兵士は、ゆっくりとこちらに近づいてきた。そして目の前までやってくると、穏やかな口調でこう言った。

「ここで写真を撮ったらだめだ。フィルムを出しなさい」

アルメニア語かなと思っていたらロシア語だった。聞き慣れた響きに懐かしくなり、身近な場所に戻ってきたような気にすらなった。しかしまずはこの場を乗りきらないといけない。国境の写真をすべて消させられたら、記事に使う写真がなくなってしまう。

フィルムではなくデジタルだということをジェスチャー交じりで伝えてから、「わかった、いまここで消すから」と、ぼくは撮影した写真をカメラの小さな液晶ディスプレイに再生して彼らに見せた。そして再生のダイヤルを逆に回した。すると、最初に出てきた一枚以外は、すべてイランの写真になる。その一枚を消しただけで「ほら、もうないよ」と言ってみると、彼らは納得してくれた。対応も紳士的で、結局その一枚を削除させられただけですんだのだった。

「うまくいったよ。消さないですんだ」

得意げにモトコに言いながら、出入国審査の場所へと歩いた。

入国審査をすませ、持っていた米ドルの一部を現地の通貨ドラムに替えると、いよいよアルメニアだった。客を探していた車に乗り込んで、国境から一〇キロほどのメグリという町まで行ってもらうことにした。

「布、かぶらないでいいのは楽やなあ」

モトコは久々に頭髪を出した状態でそう言った。自分も、車の中から人の姿を見たときにまず目を引かれたのは、女性が髪の毛を出していることだった。坂の多いメグリの町で、長い黒髪の女性の後ろ姿を最初に見たときには、見てはいけないものを見てしまったような気にすらなった。自分の感覚がイランにいたわずか三週間ほどの間に、ずいぶんと変わったことに気づかされた。

メグリにはホテルもレストランもほとんどないらしいので、有料でホームステイさせてくれると聞いていた家族の家をさっそく訪ねた。すると、いきなりの飛び込みにもかかわらず、まるで親戚が来たかのような具合で、「さあさあ、いらっしゃい」と、その夫婦と六十代ぐらいの娘さんが迎えてくれた。奥さんのカリーナはドイツ語の先生で、旦那のゲボルグは栄養士か何からしい。カリーナは英語を話し、ゲボルグも娘さんもロシア語は流暢《りゅうちょう》だった。

荷物を置いて外に出る。携帯電話に入れるシムカードを買うなど所用をすませながら、近場を少し歩いてみた。

古い石造りの家が並ぶメグリの街並みは、中世のヨーロッパを想像させる雰囲気だった。寂しげだが美しい。斜面にへばりつくように家が並び、十七世紀にできたという石造りの教会が、景色に自然に溶け込んでいる。そしてどちらの方向を見ても、後ろには鋭利《えいり》な形の山がそびえ、その上にうっすらと白い雪がかぶさっていた。ひっそりとして重厚なメグリの風景は、アルメニアの第一印象として心に残った。

家に戻ると、すでにカリーナは食事の用意を始めていた。

「さあ、食べて、食べて」

そう言いながら、リビングのテーブルに次々と料理を並べてくれる。

「うわあ、めっちゃ豪華やなあ……」

モトコはうれしそうな笑顔を浮かべてそう言った。

チーズ、赤ピーマン、キャベツ、トマト、豆、胡桃《くるみ》、パン、カキ、ナシ、カボチャ……。そして桃のコンポート、ワイン、ウォッカまでがテーブルの上に並んでいる。

「これすべて手作りなのよ」

カリーナが言う。ワインやウォッカまでもそうだというので、驚いた。ケバブばかり食べていたイランでのことを思い出すと、びっくりするほどのごちそうだった。ぼくもモトコも、顔をほころばせながらいただいた。味もとても美味しかったし、豊かな食生活だなあと心から思い、そう言った。

「とっても豊かで豪華な食事ですね」

しかし、カリーナは、いや、と首を振った。

「豊かなわけではないのよ。食べ物が十分に買えないから、自分で作っているのよ。アルメニアの田舎はいまもとても貧しいの。私たちには、首都のイェレバンで大学に通う子どもの学費もあるしね」

カリーナは日中、学校でドイツ語を教えたあと、家で家庭教師をしているという。ゲボルグはすでに退職したのかいまは運転手をして小銭を稼ぎながらやりくりしているとのことだった。二人合わせて月収は三〇〇ドルほど。ぼくらのようなホームステイの客がどれだけあるのかは訊きそびれた。

ぼくらがアルメニアまでやってきた経路をざっくりと話すと、「旅行もしたいけど、私たちにそんなお金はないし、いいなあ」とカリーナはうらやましそうに言った。ぼくは、自分たちが、わずかな仕事をするぐらいでこんな旅を続けていられる状況がなんだか恥ずかしいような気にもなった。

カリーナたちの家には二泊した。その翌朝にメグリを出て、乗り合いのバンで北上した。バンが出たのは朝七時。目指していたのはゴリスという町で、そこまでは一〇〇キロほどのことだったが、途中バンを乗り換えて数時間待ち、ゴリスに着いたときは午後二時になっていた。

ゴリスはとてもきれいな町だった。川が流れる谷に沿ってできた町で、雪山に囲まれ、道は碁盤《ごばん》の目状に走っている。雪が残る白い景色の中、並木道と石造りの古い家が西洋らしい重厚な歴史を感じさせた。

そんな美しいこの町で、ぼくらは懐かしい再会を果たすことになっていた。それはゴリスに着いた翌日のこと。

「久しぶり！」

日本語で、照れたような笑いを浮かべながらぼくらの前に現れたのは、牛山さんという人物だった。彼との出会いは二〇〇七年八月まで遡《さかのぼ》る。中国からモンゴルへと、国境を越えるときに知り合った。

ぼくらより五つほど年上の彼も、同じく長期の旅人だった。小さなバックパック一つで日本を発《た》ち、中国からユーラシア大陸を横断しているところだった。モンゴルで会って以来なんとなく気が合って、連絡を取り続けていた。ちょうどアルメニアでタイミングが合いそうだったので、「メグリで巡り合おう」などと言っているうちに、ついにゴリスで、再会を果たせることになったのだった。

「うわあ、すごいワイルドになりましたね……」

半年前は短かった髪が、ひどく長くなっている。まるで落ち武者《むしゃ》のようなのだ。頭髪が少なく月代《さかやき》のようになっている部分の周りを、激しいロン毛が取り囲んでいる。本能寺で自害《じがい》を遂《と》げる前の信長もきっとこんなだったのではないか。そう思わせる風貌《ふうぼう》だ。けっしてマッチョなキャラではないものの、旅のワイルドさは、群を抜いていそうな人だった。

モンゴルでも、ぼくらが宿を探して泊まっていたのに対して彼はばったり出会った人の家に泊めてもらうという荒業《あらわざ》をやってのけていた。彼はその旅のスタイルをますます強烈に推《お》し進めるようになっていた。ゴリスでの再会からしばらく一緒に過ごすことになり、ぼくらは、牛山さんの旅のすごさを再確認した。それはその後、ぼくらの旅に大きな影響を与えていくことになるのである。

再会した数時間後、ゴリスから三〇キロほど離れたタテフという村に一緒に行こうということになった。たった三〇キロなのにバスで二時間かかるという険しい山道の先にその村はある。一日に一本だけタテフまでのバスが出ていたのでこれに乗って行くつもりで、バス乗り場のある通りまで三人で歩いていくと、バスに乗り込もうとするぼくたちを見て、牛山さんはニヤニヤと笑いながらこう言った。

「ぼくはバスには乗らないから。タテフで会おう」

「え、バスに乗らないってどうやって行くの？　これしか交通手段ないでしょ？」

「いや、これだよ、これ」

そう言って彼は親指を立てるポーズをした。なんと、ヒッチハイクで行こうというのである。どこでもヒッチハイクで行っていると聞いてはいたけど、さすがにここでもとは思わなかった。タテフまで行く車が多いとは思えないし、とうてい無理だろうとぼくらには思えた。「ちょっと厳しいんじゃない?」と念を押したが、牛山さんは、そんなことはまったく気にしていないようだった。

「いや、大丈夫だよ、たぶん。無理だったら明日、バスに乗っていくから」

そう言って笑い、バスに乗った僕らを見送ったのだ。

牛山さんに別れを告げ、バスが出る。タテフへの山道に入っていくと、道は雪に覆われ、思っていたとおり車もほとんど通っていない。ぼくらのバスも、ウィーン、ウィーンとエンジンを焦げつかせそうな悲鳴を上げながら力を振り絞って走っている。

「やっぱり、これじゃさすがの牛山さんもヒッチなんて無理だよな。バスに乗ればよかったのに……」

モトコと顔を見合わせてそう話した。あの神出鬼没《しんしゅつきぼつ》な雰囲気からすれば、このままもう会えないなんてこともありそうだな、ともぼくは思った。

しかし、それからしばらくしたときのこと、後ろから一台の小さな赤い車がやってきて、一気にバスを抜いていった。お、たまには車も通るんだな、やはり軽い車はいいなあ、などと思いつつその車を眺めていたが、ある瞬間、ぼくは「あっ!」と目を疑った。

なんとその赤い車の後ろの窓には、牛山さんの姿があるではないか。満面の笑みでこちらを見ながら、「イェーイ!」と親指を立てているのだ。

「うわ、牛山さん、乗ってるよ！」

これにはさすがに驚かされた。すごいとは聞いていたけれど、ここまで数少ないチャンスをものにする彼のヒッチハイク技術には脱帽《だつぼう》だった。

そして、今度はタテフからの帰り道。一緒に帰ることになり、ぼくらは彼のテクを間近で見せてもらうことになった。まずはタテフから、強引な交渉によってぼくら三人一緒に、ゴリスまで車に乗せてもらうことになった。

そしてゴリスに着いてからは、泊まる場所を確保するために、通りがかった車の運転手にも頼んでしまう。ぼくたちの姿を見てスピードを緩め、「どこから来たんだ？」と声をかけてきた運転手に「今日、泊めてもらうことはできないか。ホテルは高くて、お金がなくて……」と、両手を合わせて頰《ほお》につけて寝るジェスチャーをしながら、いきなり本題を突きつけた。その様子に、「強引だけど、すげえ……」と衝撃を受けつつ、自分も一緒にお願いした。しかし、運転手はこう返してきた。

「金がないのか？　それだったら道路で寝なさい」

もちろんうまくいかないときもあるのである。それならばと、通りをそのまま真っ直ぐ進み、石造りの教会に入る。何人かの人が静かに祈る中、司祭がぼくらに気がついた。どうしたんですか、という顔の司祭に、「泊めてほしいんです」とやはりジェスチャー交じりで頼んでみる。すると、「残念ながら、あなたたちを泊められる場所はここにはないよ、アーメン」といった具合でまた断られる。

「なかなか厳しいなあ……。もう今日は難しいんじゃない?」

ぼくとモトコはあきらめて、そろそろ宿でも探そうかと思い始めた。しかし、牛山さんはくじけない。「じゃあ、こないだ泊めてもらった医者の家に行ってみよう」。訊くと、二日前に一泊させてもらったもののあまり歓迎されていない空気を感じたという医者の家をもう一度訪ねるというのである。一人でも嫌がられたのだったら三人じゃさすがに無理だろう。そう言ったが、牛山さんは「大丈夫、大丈夫! とりあえず行ってみよう」と臆《おく》することを知らなかった。

それは、住宅街に並ぶ大きな家だった。階段を上がり、少し高いところにある呼び鈴をピンポーンと鳴らすと、でっぷりした体つきの奥さんがドアを開けて現れる。牛山さんの顔を見ると、「ああ、ウシか。またあんたか」と迷惑そうに苦笑いを浮かべている。しかし、ぼくらがそろって日本語で「バレー部です!」と笑顔で言うと、奥さんは「しかたないな」といった顔で、「バレー部です。バレー部です」と、しぶしぶ中に招き入れてくれたのである。

唐突《とうとつ》に出てきた「バレー部です」とは何なのか。それは「こんにちは」という意味のアルメニア語だ。片仮名で書くと「バレヴゼス」となるようだが、日本語のまさに「バレー部です」で通じてしまう。日本語ユーザーだけにわかるこの奇妙なネタでテンションを上げ、家の中にも上げてもらって、奥さんとああだこうだと話しているうちに、家の主人が帰ってきた。訊くと彼は、アルメニアで一番手術数が多い外科医らしい。そして彼が大の日本文学ファンであることが発覚すると一気に話は盛り上がり、「アクタガワはすごい、バショウが好きだ。飲め飲め、食え食え、今日は泊まっていきなさい、ガハハハー」という展開になった。まさに牛山さんが得意とする必勝パターンなのだろう。

牛山さんの強引さと厚かましさは、思わず感心するほどだった。しかしそれだけではいろんな人に泊めてもらい続けることはできないだろう。あれだけ風貌が怪しいにもかかわらずこんなことができてしまうのは、彼の細かな気遣いと人柄の魅力にほかならない。

こんな旅のしかたがあったのか。それはぼくたちにとってとても新鮮な経験だった。自分たちには無理だし、真似《まね》するつもりはなかったけれど、新たな可能性が広がった気がしたのはたしかだった。

18 コーカサスの人

ゴリスで牛山さんと別れ、五時間ほど乗り合いバンに乗って北西に向かい、首都イェレバンに到着した。

さすがに都会らしい賑わいで、地下鉄も走っている。石造りの建築の巨大さが、ゴリスとは大きく異なり、首都であることを実感した。一方、通りにはまだ雪も残り、寒さも厳しく、その冷たい空気がロシアやキルギスを思い出させ、旧ソ連圏にいるということを感じさせた。

「明日は、大統領選挙なんだ」

と、誰かに聞いた。そう思って見ると、町全体が落ち着かない雰囲気に見えてきた。

選挙がどんな状態だったのかは、当日にはよくわからなかった。だが、その翌日以降に街なかを歩いたときには、不正を訴える大規模なデモや集会がそこかしこで開かれていた。暗い色のコートを着た男たちが通りや広場を埋め尽くし、シュプレヒコールをあげていた。

アルメニアは九一年にソ連から独立して以来、経済的にも政治的にもいまなお不安定そうだった。東の隣国アゼルバイジャンとも紛争となり、西隣の大国トルコとも非常に関係が悪い。また、北の隣国であり同じくソ連から独立したグルジアもつい最近、非常事態宣言が発令される大混乱に陥ったと聞いていた。グルジアにしてもアルメニアにしても、ソ連崩壊後から現在まで問題は山積なままのようだった。

ゴリスで一泊した宿の女主人に、「ソ連時代と比べていまはどうか?」と尋ねたときの返事を思い出す。

「ソ連のときは、仕事の心配をする必要がなかったのよ。明日も明後日も必ず仕事があって、何も心配せずに、ただ毎日職場と家を往復すれば生きていけた。病院もタダだった。でもいまは、子どもの学費も、病院も、すべてお金がいるでしょ。それに今月いくら稼げるかもわからないし……」

ソ連時代について、自分は漠然と暗黒社会のようなイメージを持っていた。しかし実際にソ連解体前後の両時代を経験している人にとっては、それほど単純なものではない。一方、イェレバンで会った若いアルメニア人たちからは、これから新しい時代を作り上げようとする柔軟なエネルギーを感じた。

イェレバンでは、牛山さんに紹介してもらったステファンという若い会計士の家に泊めてもらっていたが、選挙が終わった翌日には、選挙の監視人としてアルメニアに来ているというノルウェー人、デンマーク人がステファンの家に集まった。その他、アルメニア在住のドイツ人、スロバキア人、インド人など、そしてステファンら地元アルメニア人も複数集い、大きなパーティのようになった。

こういう場で出会う同年代のアルメニア人と話していると、彼らがじつに都会的で洗練された雰囲気を持っていることを感じた。みな英語を流暢に話し、欧米に目を向けている。ステファンの家の壁には、さまざまな絵がストリートアートのように描かれていて、まるで自由を目指す若者たちを象徴する空間のようにも見えた。

知り合ったアルメニア人の一人は、村上春樹の大ファンだと言った。村上春樹の作品に、正直そこまで心を動かされた経験がない自分は、彼にあえて訊いてみた。「ムラカミハルキって、どういうところが魅力的なの？　自分にはいまいちわからないんだ」。すると彼は言った。

「何も意味がないところがいい。それが本当に素晴らしいんだ」

イェレバンには五日ほど滞在した。何かを見るというより、流れに任せて行動し、知り合ったアルメニア人らと話す機会が多かった。この国の人々の雰囲気を自分なりに感じ取ることはできた気がした。しかしそれでも、イェレバンで強く印象に残ったことといえば、結局自分には何もわからないということだった。一週間や一カ月一つの国に滞在しても、わかることは、その国の、その町のほんの一面でしかない。これまでも度々感じてきたそんなことをぼくは改めて確認した。

それはある意味当然であるとはいえ、ぼくは少しずつそのことに歯がゆさを感じるようになっていた。自分はいま、もっと深く人や社会とかかわって生きていきたいと思っているのかもしれない。そんな気持ちが強くなっていることに、ぼくはこのころ気づきつつあった。

グルジアに行こう。そう決めるとすぐに、チケットを買った。そして列車に乗り込み、アルメニアの北に隣接するグルジアの首都トビリシへ向かった。

シベリア鉄道のような車両に懐かしさを覚えながら、シーツ代五〇〇ドラム（約一七〇円）を支払って早めに寝た。ぼくもモトコも、とくに何をしているわけでもないのに、なんだか気だるさを感じていた。疲れが日に日に蓄積していくようだった。

朝六時半ごろ、国境に着いて起こされて、列車から降ろされる。寒い中待たされて、その間に風邪を引いた。

列車に戻り前に座っているおばちゃんたちと話していると、そのおばちゃんがモトコを見て、真剣にこう言った。

「あなたは何歳？　十四歳？」

モトコは「え？　まさか！」と笑って、言った。

「三十二歳です」

するとおばちゃんは、目を丸くして心底驚いていた。アジア人が若く見られるのはいつものことだ。しかしこのとき、本気でそう言っているらしいおばちゃんの顔を見ながら、ぼくは思った。「ずいぶん西に来たんだなあ……」。

昼十二時ごろ、トビリシに着いた。宿を見つけたあと、町の中心部へと歩いていった。

丘の上から町を見下ろすと、ソ連時代を思わせる古い建物と緑に色づくゆるやかな山がほどよく調和しているように見えた。寂しげだけれど、美しかった。グルジアは世界一の美人大国だとも言われている。それだけで少し心が浮き立つところも正直あった。

しかしその一方、トビリシは治安が悪く旅行者を狙った強盗事件が頻繁《ひんぱん》に起こるというのも聞いていた。少し緊張感を持ってトビリシに降り立つと、そんな雰囲気をたしかに感じた。じっとにらみつけてくる柄の悪そうな若者が多かったのだ。

「ヤンキー高校の校内に紛れ込んでしまった感じだな……」

そう思った。目立たないように気をつけながらモトコと歩いた。しかし、予想どおりというのだろうか、こんな声が何度もぼくらに投げかけられる。

「ジャッキー・チェン！」「チン・チョン・チャン！」「メイド・イン・チャイナ！」

イランなどでも言われたことはあったけれど、ここでは笑い声が伴ったり、明らかにバカにした雰囲気が伝わってくる。あるレストランに入ったときのことだ。まだ客がいるのに「もう店はやってない、七時までだ」と言われた。そのときは、ああそうか残念、と思って出たものの、よさげな店だったので翌日また行ってみると、また同じ展開だったのだ。客がいるのに「もう終わった、八時で注文は終わりだ」と。

人種差別にちがいなかった。今回もまたあきらめて、他の店で食事をしたが、考えるほどに頭にきた。

「くそ、あいつら、おれが日本人だから入れなかったんだ」

そう思うと、何かひと言、言いたくてしかたがなくなった。食事を終えたあと、もう一度その店に戻って確かめた。大通り沿いの、奥行きがある細長い店だった。

「まだみんな食べてたのに、終わりってどういうこと？　おれが日本人だから？」

ロシア語でそう訊いた。文法的には間違っていようとも、自分の言いたいことは言えた気がした。本当に言いたいことがあると、言葉は通じるものなのだ。

「いや違う。本当に終わりだったんだ」

そんなようなことを、店員は言った。ロシア語だったため、向こうの真意は確実にはわからない。しかしぼくは、これはきっと差別なんだろうと思った。

排他的ですさんでいるような雰囲気は、グルジアの不安定さの表れでもあったのかもしれない。グルジアは、ソ連からの独立後、アルメニアとは逆に、ロシアとは縁を切った。二〇〇三年のいわゆる「バラ革命」で民主化へと舵《かじ》を切り欧米との関係を強めていったが、状況はけっしてよくなってはいなかった。民主化を果たしたとはいえ、政権の強圧的な手法は国際的な批判を浴び、このまだ三カ月前でしかない〇七年十一月には、強権的な大統領に反対するデモをきっかけに非常事態宣言が発令されるなど、政情は不安定であり続けていた。国民の中に潜《ひそ》む陰が、ぼくらにぶつけられた言葉や差別なのだと考えられなくもなかった。

差別を感じながら、ふと思い出したことがあった。それは、英語の"Caucasian"(コケージアン)という単語が、「コーカサス地方の人」を意味すると同時に「白人」という意味でもあるという事実である。ちなみにコーカサス地方とは、グルジア、アルメニア、アゼルバイジャンを含む黒海とカスピ海に挟《はさ》まれた地域一帯のことを指す。

なぜ「コーカサスの人」=「白人」なのか。そのことが気になって、ネットで調べてみると興味深い事実がわかってくる。アメリカの歴史学者ペインターの論文などを読んでみたところ、概《おおむ》ねこういうことらしかった。

"Caucasian"という単語を「白人」の意味で世に広めたのは、「人類学の父」として知られるドイツのブルーメンバッハである。十八世紀末に発表した論文で、彼は人類を五種類に分類し、その中で白人をもっとも美しい人種だとした。そして中でもとくに美しいとされたコーカサスの人々をその人種名として採用したのだ。なぜコーカサス人は美しいと言われたのか。それは、その昔コーカサス地方から多くの白人女性が奴隷に取られていたことと関係する。若くて美しい女性たちが選ばれて東地中海や中東の国々へ運ばれていくことで、コーカサスの人々は美と結びつけられるようになった。また、コーカサスには、旧約聖書においてノアの方舟《はこぶね》がたどり着いたとされるアララト山があることも関係がある。

つまりこの地の白人こそが、キリスト教的意味合いにおいてもっとも純粋で善《よ》き存在だとされたのだ。そして、同様な考えを持っていた他のドイツ人の学者らによって、ドイツ人の美しさや優越性が主張され、それが二十世紀のナチスの思想へとつながっていく……。

ちなみにここでいう美しいコーカサスの人々とは主にグルジア人を指していた。「グルジアは世界一の美人大国」というイメージはそうした根を持っているのだ。

実際にグルジアでは、そこまで美人が多いとは思えなかった。だが、この背景を考えれば、それも当然のことのようにも思えてくる。

言葉の上で白人の起源に指定されたこの地で、自分がアジア人であることを強く意識せざるをえなかったのは、偶然ではないのだろう。もしかすると、不安定な情況の中、逆にその言葉によって、グルジア人には強い白人意識が芽生えているのかもしれない。いずれにしても、ユーラシア横断中で初めて人種を強く意識している自分に気づかされた。

トビリシの西八〇キロほどに位置するゴリにも行った。

スターリンの生地として知られる町だ。大きなスターリン博物館があり、町の中心部を貫くスターリンストリートの市庁舎の前には巨大なスターリン像もある。このサイズのもので残っているのはどうやら世界でここだけらしい。台座はやたらと高く、その存在感に圧倒された（二〇一〇年に撤去）。

ゴリから一二キロほどの小さな村にふらりと行くと、一人の男性に「よかったら一緒にどうだ」と誘われた。連れられて草むらにある小屋に行くと、一〇人ぐらいの男衆が酒盛りをはじめようとするところだった。コンクリートの寒々しい壁には、スターリンの写真が飾られている。写真はところどころ破れ、すでにボロボロだったが、木枠の中に納められ、長年大切にされてきたことが感じられた。

乾杯するとき、彼らはスターリンに向かって杯を掲げた。そしてその後、みな口をそろえてこう言った。

「スターリンは偉大な男だ!」

力強い顔でそう語る男たちの姿が印象的だった。

ゴリはトビリシよりはぐっと居心地がよかった。それでもグルジアの印象はそれほど変わりはしなかった。「無理して長居することはないよな。もうグルジアは出よう」。結局入国してから三泊だけで、グルジアの西端まで行く乗り合いバンに乗り込むことになった。

西端の町バトゥミに着くころになると、通りの向こうに、突然大きな水面が見えてきた。うっすらと白い雲が広がる下に、白みがかった淡い水色の水面が視界の果てまで広がっている。

黒海だった。

いつここに着くのだろうと地図を見ながら時々考えていた湖のようなその海が、ついに目の前に現れた。

ぼくもモトコも興奮した。その名前を声に出せるだけでなぜかうれしかった。バンがバトゥミの町に到着すると、重い荷物を抱えたまま駆けるようにして水辺へ向かう。大きな通りのすぐ横が港のようになっていて、近くに大きな船も停まっていた。

「ついに来たよ……」

海を見たのはいつ以来だったろうか。きっと上海以来だ。ぼくもモトコも、バックパックを足元に置いて、しばらく水面を眺めていた。

「この海の向こう側は、ウクライナ、ルーマニア、ブルガリアか……」

地図を見ながらぼくはそう言い、向こうに広がる世界を想像した。

ヨーロッパは、もう目の前だった。

19 親切連鎖トルコ

黒海沿いの港町バトゥミで、ぼくたちは少しだけ贅沢《ぜいたく》をした。バトゥミは古い建築物が複数残る町であると同時に、通り沿いにヤシの木が並び、パステルカラーのマンションらしき建物も並ぶリゾート地らしい空気があった。ホテルもレストランもナイトライフも悪くない。持っていたガイドブックにはそうもある。また正直なところ、やっとグルジアから出られるのがうれしくもあった。

少し浮かれた気分になり、いつもよりちょっとこぎれいなホテルに泊まり、夜は海辺のレストランで海の幸を楽しんだ。ビールに、パンに、魚のフライを食べながら、大きな窓の外の海を眺めた。

「ようやくここまで来たなあ。しかし黒海って日本の国土より大きいのか」

面積を調べ、そんなことに気づかされる。そう考えると、海辺まで来たからといって対岸のウクライナやルーマニアがすぐそばであるわけではないことがよくわかる。それでも、黒海は太平洋や大西洋とは異なり、なんとなく向こう岸が想像できた。あの向こう側は紛《まぎ》れもなく、西洋の世界であるにちがいない。

暗くどんよりした印象だったグルジアは、バトゥミをへて少し印象が明るくなった。二泊した朝、ぼくらはこの町を出た。

トルコとの国境まではミニバスが出ている。右手に黒海を眺めながら、数十分も走ると国境に着く。砂浜というのか、小石が目立つ海岸沿いに降り立つと、目の前は国境のグルジア側のゲートだった。ほとんど波のない穏やかな海と、わずかにしか雲のない青空の下に、重そうな国境の門はそれこそ不釣り合いだった。しかしそれでも、まれに見る開放的な国境に見えた。

簡単な手続きですぐにトルコへの入国がすむ。この気軽な雰囲気は、トルコ側に入るとますますたしかなものになった。

「トルコへようこそ！」

やたらと感じがよくフレンドリーな国境職員が、ぼくらを迎えてくれた。その様子を見て、ぼくは思わず顔がほころぶ。「トルコ、出だしから印象がいいね」。これは楽しくなるにちがいない。そう思いながら、国境の最寄《もよ》りの町であるホパのバスターミナルまで乗り合いバスに乗っていった。

しかし、バスターミナルに着くや否や、ぼくらは大きな衝撃を受けた。

「二五ドルだって⁉」

バスのチケットがあまりにも予想を上回る高さだったのである。たった数時間の町まで二五ドル。日本価格で考えたら普通であるものの、アルメニア、グルジアなどとあまりにも相場が違い、とても乗る気にはなれなかったのだ。トルコからぐっと物価が上がるとは聞いていた。覚悟しないと、と思っていた。しかし実際に値段を見て衝撃を受けた。その具体的な高さを想像もできていなかったことを思い知った。

しかも、その日に目指していた場所に行くための中継地点ともいえる町までのバスが六〇ドルもするという。それはおそらくぼくらがこれまで慣れてきていた感覚の数倍から五倍ほどに相当したのではなかったか。ぼくもモトコも青ざめた。

「やばいな、この物価。この調子でイスタンブールまで行こうとしたら破産するよ」

しばらく考えた挙句、二人の心は決まっていった。

「ヒッチハイクを試してみようか？」

例のヒッチハイクの達人・牛山さんの影響があり、ヒッチという選択肢には興味が出ていた。とりあえずダメもとでも試すしかない。気持ちが固まり、昼飯を食べ終わると、荷物を持ってぼくらは早速、晴れた外へと飛び出した。

「どの辺で待てばいいのかな……」

右往左往していると、しかしすぐにその機会は訪れた。ヒッチハイクらしいことをするまでもなく、通りがかったベンツが、ぼくらの様子で何かを察したのか、いきなり横で停車したのだ。

「どこまで行くんだ？　乗っていけよ！」

え？　いいんですか……？　思わぬオファーに驚いた。「すげえ、いきなりこれだよ！」。ぼくもモトコも感激し、「ありがとう！」と言って、荷物を載せて乗り込んだ。数十キロほど行ったところで方向が違うとのことで降りることになったものの、とても幸先《さいさき》のよいスタートだった。

「もしかして思ってたより簡単なのかもしれないな」

そうしてぼくらは、本格的にヒッチハイクを始めたのだった。

町なかだと、ヒッチしているのかただ立ってるだけなのか区別がつかなそうだったため、ベンツを降りると、町のはずれまで歩いていった。そして人の気配のないところまで行ってから、大きなバックパックを道端に置いた。

笑顔で手を振りながら、親指を上げる。さて、どうなるかな……、ま、気長にいこうと思っていると、三台目ぐらいに通った赤いトラックが、通り過ぎた後に少し先で大きな音を立てて停車した。

「おお！　もしや」。すぐに荷物をすべて持って走っていくと、ドアが開いた。中を見ると、ひげを生やし優しそうな笑顔をした同年代ぐらいの男性が「乗れよ」と手招きしてくれた。「サンキュー！」。ぼくらは、すぐ乗り込んだ。

トルコ語が一切わからないため、彼とは話すことはほとんどできそうにはなかった。でも彼は、とくに何を気にするふうでもなく、ただにこやかな笑顔を浮かべて走り出した。トラックは大きな音を立てながらゆっくりと山道を登っていく。ぼくとモトコは、揺れの激しい助手席に二人で座りながら、これから先に始まるこの国での出会いが急激に楽しみになってきていた。

分かれ道で降ろしてもらった。

「テシェッキュル・エデリム（ありがとう）！」

間違いなく一期一会《いちごいちえ》な別れに、唯一わかるトルコ語でぼくは言った。そして再び荷物を置いて車を待った。

その次も、そのまた次も、すぐに車に乗せてもらえた。

いつでも二、三台待つと必ず止まってくれる車が現れ、笑顔で「カム・イーン！」と迎えてくれる。ほとんど二分の一ぐらいの確率で乗せてくれることに驚いてしまった。しまいには、車を選びたいという欲深さまで出てくるありさまで、古くてあまり快適じゃなさそうな車が来ると、「あれには乗りたくないな」などとモトコと話して、挙げていた手を急に下げ、ただふらふらしているふりをして通り過ぎるのを待ったぐらいだった。

結局、初日で四台を乗り継いで、国境から一五〇キロほど南に行ったユスフェリという町まで行くことができた。「こんなに順調にいくとは思わなかったよ」。とても満足した気持ちで、その日はそこで泊まることにした。

ユスフェリでも、会う人会う人、みな親切だった。ちょっとした仕草《しぐさ》や声のかけ方がとても感じがいいのである。トルコ人のこの感じのよさはなんなんだろう……。そう不思議に思うぐらい、人の温かさを感じられる出だしだった。

二日目も問題なくヒッチで進んでいくことができた。

看護師と教師の一家のトヨタに乗せてもらったあと、サダム・フセインに似た太ったおっさんのヒュンダイに乗って一気にエルズルムという大きな町まで行くことができた。そして宿代を浮かすという目的もあり、エルズルムからは夜行バスに乗って南に進み、マルディンに向かった。バスは超快適なデラックスバスだった。ひどく乗り心地がよくて、降りるのが惜しいほどだった。

マルディンに着いたのは朝六時ごろ。ここはトルコ南東部でシリアとの国境に近い。二日ですでにトルコを縦断してしまったことになる。歴史を感じさせる町並みに、ここに泊まりたいと思ったものの、宿が高すぎてとてもじゃないが泊まれそうになかった。歩いていきついた宿のほとんどが、二人で一〇〇ドルといったレベルなのだ。

安い宿がないはずがない。そう思い、「安宿はどこですか?」と訊きまくってやっと一つだけボロ宿を見つけたが、そこはシャワーなし&汚いシーツで三〇ドルほどするという。

「本当に?」

と、唖然とした。それならばと、ヒッチに慣れてきた要領で、民家に泊めてもらおうかとも考えた。情けないながらも、会う人会う人に「泊まるところがなくて……」とジェスチャーで当たってみるも、「ホテルはあそこだよ」と高いホテルを指差されるのがオチで、まったくうまくいかなかった。牛山さんのような押しの強さを発揮することはとても自分たちには無理だった。

「もう、マルディンはあきらめよう」

バスの疲れもあり、移動することにした。ヒッチで動いて、途中で小さな村でも見つけたら降りてみようか。そう考えた。そして、今度は巨大なトレーラーに乗せてもらってたどり着いたのが、「カパクリ」という名前らしいとても小さな集落だった。砂漠っぽい荒涼とした茶色い風景が続くなか、トレーラーの窓からたくさんの羊と子どもたちの姿が見えた。ああ、あんなところに泊まれたら！　と思って、降ろしてもらったのがここだった。

車上から見えていたその羊飼いの家に、「すみません、泊めてもらえませんか？」と言ってみると、「ああ、いいよいいよ」と、ためらいなく招き入れてくれた。そして、そのまま泊めてもらえることになったのだ。

羊飼いの一家は一〇人ほどの大家族で、民族的にはアラブ系やクルド系が混じっているという。集落には一五家族一三〇人ほどしか住んでいないらしく、次々にいろんな人が「おお、ジャポンか！」と言って珍しそうにやってくる。食事はイランで泊めてもらったときと同じく、部屋に大きなシーツを敷いてその上で食べた。夕食には、絞めたばかりのチキンのご飯にトマトジャガイモスープをいただいた。美味しかった。みな親切で、ぼくらを歓待してくれた。モトコには民族衣装を着させてくれ、家族と一緒に写真を撮った。

夜は、男女に分かれて別々の部屋で雑魚寝《ざこね》した。

　突然やってきた見ず知らずの異邦人を、何も躊躇《ちゅうちょ》することなく泊めてくれる。彼らにとっておそらくそれは当然のことなのだろう。文明が発達し、社会のシステムが整えば整うほど、「まず疑え」という感覚が普通になる。どちらが成熟した社会なのだろうか。本当にわからなくなる。

　次の朝、六時前にはすでに目覚め、自家製らしいヨーグルト、クリーム、卵、蜂蜜《はちみつ》、オリーブ（これらにナンをディップする）の朝食をいただいたあとは、藁《わら》を袋に詰める作業を見たり、家の裏の丘へと連れていってもらったりした。

　そしてまた出発した。

　通りに出て再びヒッチハイクをする。白い大きなトラックが止まってくれた。燃料でも積んでいそうな大きなタンクを持つそのトラックに乗り、ぼくらはウルファという大きな町まで連れていってもらうことになった。

　運転手は、駐イラクの米軍へ石油を運んでいるところだと言った。

「このトラックに積んでいる石油を今日、トルコの米軍基地まで運ぶ。そして明日、ヘリなどの護衛付きでトルコからイラクへ国境を越えてティクリートまで行くんだ」

　まさにゲリラの標的になるトラックなんじゃないだろうか。思わず訊くと、彼は大笑いしながら言った。

「大丈夫だよ！」

それにしても、そんな重大な役目を担っているトラックが、見ず知らずの旅行者を乗せてしまうのもすごいと思う。ぼくらが何か意図を持ったテロリストだともかぎらないではないか……。しかしこのくらいのゆるさのほうが、きっと世界は平和になるような気もするのだった。

ウルファに着いた。降りるとき運転手の写真を撮らせてもらった。彼はトラックの中の高い運転席にすわったまま、日本人のようなピースをした。そのまま彼は米軍基地へと向かっていった。

ウルファでも、たまたま会った警察官に「まあ座れ、座れ」とお茶をもらい、そのそばにいたおじさんにはパンをご馳走《ちそう》になった。そのあと、安ホテルを探してうろついていると、車で通りがかった学生が「乗ってください！」とやってきて、一緒にホテルを探してくれた。おかげでいい場所が見つかった。また、レストランに入ると、「これは私からです」とお茶が出てくる。

本当にトルコ人の親切心には驚かされてばかりだった。

そうしたトルコの印象は変わらないまま、さらに西へと移動した。ヒッチハイクを繰り返し印象的な出会いを次々に得て、また列車にも乗った。そしてウルファに着いてから八日後に、いよいよ大きな節目の町に着こうとしていた。

「もうすぐだね」

それは、アジアとヨーロッパの境界をなすあの町だった――。

IV

遊牧夫婦の決断

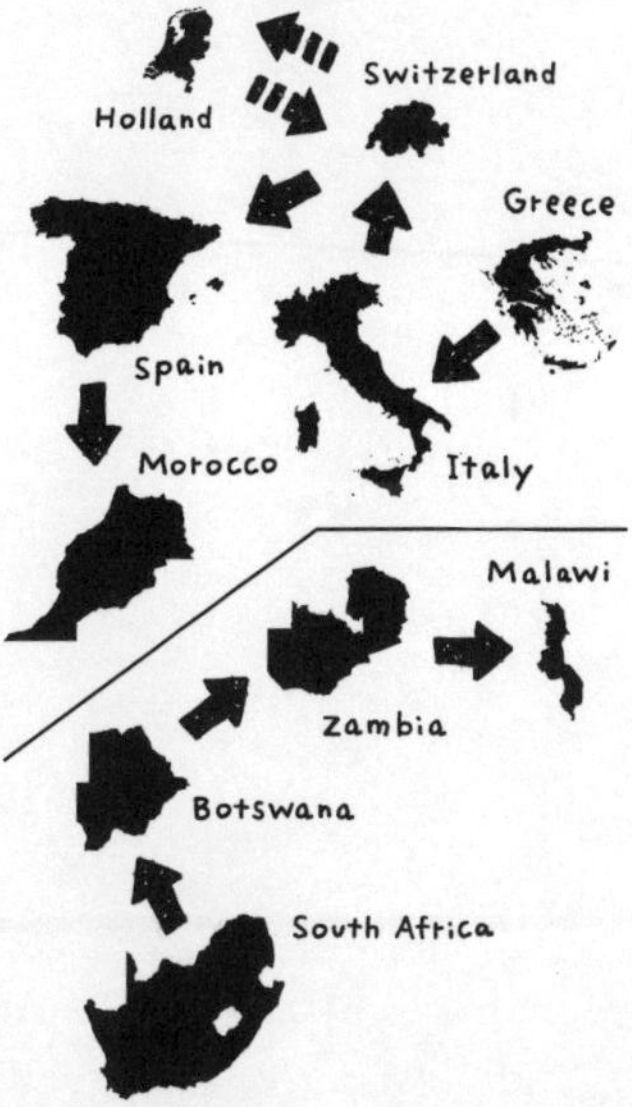
Holland
Switzerland
Greece
Spain
Morocco
Italy
Malawi
Zambia
Botswana
South Africa

20

イスタンブールでチベットを思う

列車は大幅に遅れていた。朝九時に到着の予定のはずがまったくその気配がない。そのまま昼になりそうだったこともあり、ぼくらは食堂車の席について到着を待った。清潔な赤いテーブルクロスが敷かれたテーブルに座っていると、外の風景が一気に一面青くなる。窓からの風と日差しが心地よい。地図を見た。

「これはマルマラ海だね、きっと。もうすぐだ」

列車の南側の晴れ渡った空の下には緑の木々が見え、その向こうに、静かな水面が広がっている。間もなくらしかった。

午後一時。終点となるハイデルパシャ駅に列車が止まった。ぼくらはそれぞれバックパックを背負って列車を降りた。大都市のターミナル駅とは思えないほどのどかな雰囲気がトルコらしい。外からは素晴らしい光が差し込み、まさに春を感じさせる陽気だった。

ようやく着いた。

ぼくらはついに、イスタンブールに着いたのだ。

石造の大きな駅舎は、歴史ある高級ホテルかヨーロッパの城を思わせた。その外にはすぐ水辺が広がり、港のような場所だった。

複数の白いフェリーがこちら側と対岸を行き来し、その間を埋めるように無数のカモメらしき鳥が水面近くをせわしげに飛び回っていた。風が強かった。

「これがボスポラス海峡《かいきょう》かあ」

ぼくはしばらく立ちつくした。この海峡こそが、アジアとヨーロッパの境界と言われるあの有名な海峡なのだった。つまりいま自分たちが立っているのがアジアの西端で、対岸に見えるのがヨーロッパの東端ということになるのだ。

ついにここまで来た――。

そういう気持ちには、これまで何度となくなっていた。東南アジアを北上して中国に着いたときも、ロシアの東端近くであるハバロフスクに着いたときも、中国の西端、すなわちキルギスとの国境を前にしたときもそう思った。そのキルギスから始まった中央アジアを抜けてイランに入ったときも、またグルジアの西端まで行き黒海が見えたときも、やはり同じような感慨があった。

しかし、東西の境目ともいえるこのボスポラス海峡の前に立ったときの気持ちはどこか特別なものだった。それは、目の前の水面を眺めているうちに、旅が終わりに近づいているという寂しさが急激にこみ上げてきたからかもしれなかった。

「ユーラシア横断もいよいよ終盤な感じだなあ……」

この横断が終わったら、自分たちにはいったいどんな生活が待っているんだろう。まだ西に土地があればそんなことは考えなくてすむ。そちらに向かって進んでいくことだけがぼくらのいまの生活だからだ。でも、大陸の西端が見えてくると、やはりその先のことを考えざるをえなくなる。ボスポラス海峡の波立つ水面を見ながら、ぼくは旅の終わりが急に現実のものとして迫ってきたような気持ちになった。

イスタンブール滞在中は毎日現地の人の家に泊めてもらった。とはいえ、知り合いがいたわけでもなく、ノックして「泊めてもらえますか？」と尋ねて回ったわけでもない。「カウチサーフィン（Couch Surfing）」を利用するようになっていたのだ。

カウチサーフィンとは、世界中の旅好きな人たちが互いに自分の家に無料で泊め合おうというコンセプトのSNS（ソーシャル・ネットワーキング・サービス）だ。登録すれば、世界各地で自分の家に旅人を泊めようとする意思のある人とネット上でつながることができる。二〇〇四年にアメリカで始まったこのSNSは、〇八年の時点ですでに欧米を中心に一〇〇万人を超える規模の会員がいた。

イランからアルメニアへと国境を越えると物価は一気に上昇した。ヨーロッパに向かうにつれてその傾向はますます強まるにちがいない。どうすればいいのか。日々そんなことを考え始めたときに、ぼくらはカウチサーフィンの存在を知った。

トルコに入り宿代も交通費も一気に高くなると、「いよいよカウチサーフィンをやってみるか」と登録した。そして、本格的に利用を始めたのがここイスタンブールだったのだ。

カウチサーフィンのサイトを見ると、イスタンブールで登録している人は当時すでに数千人規模でいた。その中で条件に合う人を検索し、プロフィールや写真、他の人からのレビューなどをざっと見る。そうして気に入った人にこちらから連絡をとるというシステムだ。

たとえばこんな人に泊めてもらった。セルジャンという同年代のトルコ人男性。泊めてもらう予定になっていた当日の午後、彼の指示どおり、ぼくらはイスタンブール市内にある彼の会社を訪れた。会社は広告代理店だったかで、立派なビルの中にあった。

「デカいバックパックを持ったまま、会社を訪ねてもいいのかな。怪しすぎるよな……」

と話しつつも、ビルの入口まで行って「着いたよ」と彼の携帯に連絡する。

「ちょっと待ってて」

そう言って彼は、すぐに入口までやってきた。

「ハイ！　おれがセルジャンだよ」

明るくて感じのよい男だった。目鼻立ちがはっきりしていて肌の色は白いものの、髪は黒く、アジアの雰囲気を持ち合わせている。笑顔がとてもチャーミングで、モテそうだなあと思わせる男だった。ひと通り挨拶《あいさつ》をすませると、彼はいきなり、

「これがうちの鍵。これで開くから、入っててくれよ」

と鍵をぼくに渡してくれた。そしてそこから徒歩圏内にあるという家までの行き方を教えてくれたあと、こう言った。

「今日はきみらの他に香港人とアメリカ人が来ることになってるんだ。ぼくは八時ごろには戻れると思う。悪いけど、適当に夕食を作っといてくれないか？　近くにスーパーもあるし、冷蔵庫にあるものもなんでも使ってかまわないから」

初対面同士の会話とは思えず、可笑《おか》しくなって自然とぼくは笑ってしまった。会って五分で長年の友人だったような気分になった。

「じゃ、あとで！　よろしく！」

軽快な様子で、彼はまたビルの中へと戻っていった。

セルジャンに言われた通りに歩き出す。二十分ほど、バックパックを背負いながら坂道をゼイゼイ言いつつ進んでいくと、目的のマンションにたどり着いた。

階段を上って部屋を見つけて鍵を回すとドアが開いた。中にはきれいな薄紫色の壁が広がっている。二階もあり、部屋が複数あるこぎれいな空間だった。

「自分の家に帰ってきたみたいだなあ。セルジャンとはさっき会ったばかりなのに」

「ここに私たち二人だけでいるのって、なんか不思議やな……」

家には、彼のあらゆる所有物がある。パソコンやら何やら、大切そうなものもすべてそのまま置いてある。そこには何一つ、相手を警戒しているような形跡や仕掛けはなく、ただそのまま彼の日常が染みついていた。

そのときぼくは、その無防備さに驚くとともに、こうして人を信頼できることの幸福を思った。もちろん、見知らぬ人間を次々に泊めていれば(あとから訊くと、この二カ月だけで三〇人も泊めたらしい)、多少ものがなくなったり、壊れたりということはあるだろうと想像できる。しかしそういう可能性があったとしても、きっとこうして見ず知らずの人を信頼し、交流していくことは、それ以上のものを彼に与えているにちがいない。人を信頼できるというのは、その人の気持ちがそれだけ落ち着いているということだとぼくは思う。セルジャンの包容力のありそうな人柄は、きっと彼が人を信頼できるからこそのものなのではないかと感じた。

一方、泊めてもらう側からすれば、信頼されていると感じるのは心地よい。そうした信頼を付与されたとき、人は実際にはそれを裏切ることはそうそうできなくなるのかもしれない。そんな気もするのだった。

セルジャンの家に荷物を置いて、まるで自分の家から出かけるように、近くのスーパーに買い物に行った。そして家に帰ってトマトソースのパスタを作った。しばらくすると、たしかに香港人の男性とアメリカ人の女性がやってきた。どちらもセルジャンの家に泊めてもらう人たちだ。みな初対面ながらすぐに打ち解けられた。そしてセルジャンが仕事を終えて戻ってきたころを見計らって、みなで乾杯して一緒に夕食を食べたのである。

「はじめまして！　よし、食べよう！」
無償であることの意味はなんなのか。それはまず、泊めてくれる人が本当に泊めたいと思っていることがわかること、そして、泊めてもらう側は、お金が介在しないからこそ、できる形で感謝の気持ちを表そうとするようになることだろう。ぼくらも泊めてもらうたびに、ワインを持っていったり、日本食を作ったりといったことをしたくなった。金銭のやりとりのある宿では普通ないような交流が、そこには自然に生まれるのだ。

そういったことをわずらわしく感じる人もいるだろうし、だから互いにそれを楽しめなければ続かない。ただ、カウチサーフィンを経験すればするほど、ぼくはその魅力を強く感じるようになっていった。

セルジャンの家には三泊もさせてもらった。その間に、イスタンブールを見て回った。ブルーモスク、アヤソフィアなどの歴史ある壮大な建築物を見学し、オールドバザールやスパイスバザールでこの大都市が内包するエネルギーの大きさをを実感した。そして新市街では、西洋の都会らしい近代的で消費的な空気に触れ、イスティクラル通りにある地下の穴蔵《あなぐら》のようなバーに行ってはセルジャンの友だちらとともにビールを数杯飲みほした。

ある夜、ボスポラス海峡の西岸の、ヨーロッパ側に架かるガラタ橋の上に立っていた。

釣りをする人たちと並んで、妖艶《ようえん》に光るいくつかのモスクと黒い水面を眺めていると、ぼくはいつの間にか、こうも思い始めていることに気がついた。

いつか、イスタンブールに住むことができたら——。

ぼくは、これまで他の都市で経験したことがないほどこの町に惹《ひ》かれているのを感じていた。トルコで得た数々の印象的な出会いと、セルジャンをはじめとする複数の人たちとの交流が、大きくこの町の印象を作り上げた。もちろん、自分にはまだいいところしか見えていないことはわかっている。実際に住んでみればその町のいやな部分が見えてくる。住むとはそういうことなのだ。それは、自分がどこに住もうが等しく体験することであることを、この旅を通じてぼくは強く実感してきた。

ぼくは遠くない将来に始まるだろう定住生活が楽しみだった。それがヨーロッパになるのか、日本になるのか、またはまったく予想もしていない土地になるのかはわからない。ただ、移動することで定住が楽しみになり、定住することでまた移動が楽しみになる。そうした感覚をずっと持ち続けていたい。ぼくは、イスタンブールに惹かれながら、そんな思いを強くしていた。

いずれにしても、いつかまた、イスタンブールにはゆっくりと腰を据えて来てみたいとぼくは思った。モトコがどう思っているかはわからない。でも彼女もきっと自分の気持ちに近いのではないかと、ぼくは都合のいいように想像した。

あのニュースに接したのは、そうしてイスタンブールを堪能《たんのう》していたときのことだった。セルジャンの家でイギリスのBBCをネットで見ているとき、その出来事が突然目に入ってきた。記事をさっと見て、すぐに関連の動画を再生しながら、ぼくは画面にくぎづけになった。

そして、そばにいたモトコに、思わず声を大きくしてぼくは言った。

「ちょっと見てみなよ。すごいことになってるよ。ラサで大暴動だって……」

動画を見ると、見慣れたチベットの町並みに並ぶの店舗や車に、チベット人らしい群衆が怒声《どせい》を上げながら群がっている。車が倒され、炎を上げる。粉々に壊された店舗の外観も映し出され、そこに中国の警察や軍隊が押し寄せる。

「いったいどうなってんだよ、これ……」

〇八年三月のことである。半年後の北京オリンピックを前にして、中国が大きく揺れ始めているようだった。落ち着かない気持ちで、ぼくは動画を見続けた。

21 混沌のギリシャ

チベットでいったい何が起きているのか。ネットでニュースを見ているだけでは、正確なことはほとんど何もわからなかった。中国政府が報道陣も外国人も締め出して、事態をベールに包んでしまったからである。確実にわかっていることはこんなことぐらいだった。

三月十四日、ラサにおいて数日間続いていた中国の統治に対するチベット人らのデモが一部暴徒化して、店舗への放火・略奪《りゃくだつ》などが行われた。それを制圧するために中国側が銃撃などの手段に訴え、混乱は激化した。暴動は複数地域に広がり、ここ二十年近い間にチベットで起きたもっとも大きな騒乱となった。

その発端《ほったん》について、チベット側は、平和的なデモをしていたチベット人僧侶を中国の武装警察が不当に殴打《おうだ》し拘束《こうそく》したことだ、などと主張した。一方中国政府側は、急進独立派であるチベット青年会議やダライ・ラマが背後にいる計画的な暴動だとした。北京オリンピックを前に国際的に注目されることを狙っての組織的な破壊行為なのだ、と。死亡者の数なども中国当局とチベット亡命政府の発表では大きく異なり、まるで別の出来事についての発表であるかのようだった。

正確なことはわかりようがない。たまたま現場にいあわせた旅行者やブロガー、ジャーナリストなどから漏れ出た写真や情報以外、第三者による報道や発表がほとんど何もなかったからだ。そのため、この騒乱をどう見るかは、その人がチベット問題をどう見ているかを表す鏡のようなものだとも言える気がした。

最初の数日は、どちらの言い分がより真実に近いのか、ぼくにはまったく判断ができなかった。このまま世界全体を巻き込んだ大事件へと発展するのか。それとも、北京オリンピックを前に、中国も国際社会も穏便にことを収めようとするのか。

しかしトルコにいる自分たちにできることは、ネットのニュースを見ることぐらいしかなかった。英語、日本語と、わずかな中国語のソースのみではあったけれど、とりあえず日々ニュースを追って状況を確認した。現場からの新しい情報はほとんど出ない。ただ、世界が真っ二つに分かれる様子が見えてくるだけだった。

そうしているうちに、いよいよイスタンブールを出発するときがやってきた。

このときぼくたちには新たな旅の同伴者がいた。日本からぼくの従弟《いとこ》・トモキが休暇をとって旅に合流しにきてくれたのだ。彼とともに三人でギリシャのアテネまで行くべく、十六日に西への移動を再開した。

まずは、イスタンブールから二五〇キロをヒッチで移動し、トルコ最北西部にあるエディルネへ。そして翌日、エディルネからギリシャへと国境を越えた。

国境のトルコ側は、職員も空間ものどかな空気に満ちていたが、緩衝《かんしょう》地帯を抜けてギリシャ側に入ると、雰囲気は変わった。小さな砲台のようなものも並び、トルコ・ギリシャの両国が抱える緊張した関係も見え隠れする。

通貨もいよいよユーロとなる。EUに入ったのだ。

「順調にギリシャまで来られたね。この調子でヒッチして、行けるところまで行こうか」

国境から幹線道路まで歩いていき、バックパックを道端に置いて再びヒッチを開始した。

しかし、どうしたことだろう。車はまったく止まってくれなくなってしまった。

「おーい、止まってくれよー!」

通り過ぎていく車に向かってトモキもモトコもぼくも、時折叫んだ。そして一時間以上、交通量の多い道路沿いで粘《ねば》ったものの、見事に一台も止まらなかった。いや、正確には二回、ぼくらの前で車は止まった。だがそれはいずれも警察だった。

「何やってんだ? ヒッチハイク? そんなのは無理だからバス停に行きなさい」

警官たちに簡単な英語でたしなめられる始末だった。

もうトルコではない。そのことをもっとも実感させたのが、ヒッチハイクが突然難しくなったことだった。結局ギリシャに入ってからは、一度もヒッチで車に乗せてもらうことはできず、バスと電車でアテネに向かうことを余儀《よぎ》なくされた。トモキの旅程のため時間制限があったということもあるけれど、トルコとはまったく違った旅になった。

ギリシャに入って気づいたことの一つに、中国人との出会いが増えたということもあった。入国して最初にたどり着いたアレクサンドルポリという町で、バスを降りて宿を探していると、同年代の東洋人が現れた。

「自分はギリシャ語が話せるから、一緒に宿探しをしてあげるよ」

訊くと彼は、ギリシャで二年間商売をしているという中国人だった。

彼は、宿を見つけては熱心に交渉をしてくれる。だが、よく聞いていると、

「四人二部屋で六〇ユーロだ、これ以上安いところはないよ」

と、なぜか彼も頭数に入っている。

「なんであなたも入ってるんだ？」「え、おれも一緒に泊まるんだよ」

まったくわけがわからなかったが、この強引さが中国っぽくて可笑《おか》しかった。

その翌日に着いたテッサロニキには、中国人街らしき一画があり、夜には久々に中華を食べた。中華料理屋は、看板も何もない雑居ビルの二階にあった。

「来、来、来（ライ、ライ、ライ）！」

と店員に誘われて上がっていくと、中では角刈りの中国人たちが中国そのままの雰囲気で円卓を囲み大声で話しながら食事をしている。その空気が懐かしかった。

「中国って、なんかあったかくて憎めないし、いいんだよな……」

ほっとしている自分に気がついた。

中国人は本当にタフだ。何にも動じなさそうなメンタリティは、ぼくにとっては憧れる要素でもある。彼らにとってここは外国なのだろうか。それとも、すでに自分たちのホームなのだろうか。以前日本で、中国人の友人たちと話したことを思い出した。すでに何年も日本で暮らし、仕事の拠点も日本に持っている友人に、日本国籍をとろうと思うかと訊いたことがあった。そのとき友人はこう言った。

「そのほうが便利なら、日本国籍をとるんじゃないかな」

中国人ではなく、日本人になるということに抵抗はないのか。そう訊くと、彼は言った。

「いや、法律上どちらであるかはどうでもいいことなんだ。自分が中国にルーツを持つ中国人であるということは、国籍を変えたってけっして変わらないから」

そうした意識があるからこそ、彼らはどこの国でもタフに生きているのかもしれない。


一方、ギリシャの風景はどこもじつにギリシャらしかった。列車からは白い家が数多く見え、空はいつも青かった。テッサロニキに行くと、町なかにアリストテレスの像があった。また町に隣接して海があり、その先にエーゲ海が広がっていると思うと、その名前だけでロマンチックな気分になれた。その海を越えて、テッサロニキからアテネまでは船で行こうと思っていた。

ただ、トモキが予約していたアテネからの帰りの飛行機に間に合うためにはそれほど時間に余裕はない。とりあえず調べるだけは調べてみようと近くの旅行会社に駆け込んだが、やはり船で行くだけの時間は残ってはいなかった。

「しかたない。バスで行くしかないな」

深夜発の夜行バスに乗ることにした。そして朝にアテネに着き、カウチサーフィンで見つけた二十五歳のエレクトラという女性の家に、朝早くから転がり込んだ。

エレクトラの家は市内の中心部近くにあった。訪ねると彼女は留守だったが、ルームメートのグリケリアという金髪の女性がにこやかに迎えてくれた。

「エレクトラから聞いてるわ。さあ、部屋に案内するから上がって」

年季の入った建物だが、中はこぎれいに装飾されていて居心地がよさそうだった。トモキは一階のリビングを、ぼくらは上の階の一部屋を使わせてもらえることになった。

トモキはすっかり体調を崩してしまい、部屋に着くやいきなり寝込むことになってしまったが、とにかく予定どおりにアテネには着いた。「ひとまず帰りの飛行機には乗れそうだな」。ぼくらもなんだか、一つの目的を果たした気分になっていた。


アテネはそのころ混沌としていた。

ちょうどぼくらが訪れた時期、大通りでは大規模なデモがあり、交通機関などでストライキも行われていた。ギリシャ文字の横断幕が読めないために何のデモかわからなかったが、あとから訊くと、間もなく成立する見込みの年金改革法案に反対して、労働者たちが抗議していたらしかった。

日本を出て以来、ネットやテレビでBBCのニュースはよく見ていたけれど、ギリシャのことが大きく出てくることは記憶するかぎりほとんどなかった。しかしぼくらが到着した日は、アテネのストライキがかなり大きなニュースになっていた。一方、この前月の二月に、大統領選挙の際に滞在したアルメニアの首都イェレバンでは、その後デモが暴動に発展し、八人が死亡して非常事態宣言が出されたというニュースもやっている。そしてもちろん、チベットのその後の様子も頻繁に取り上げられていた。

「おれたちが行くところにかぎって、何かが起きているような気がするな」

一瞬そう感じたが、すぐに思い直す。世界各地で、いつもいろんなことが起きているのだ。ただ、自分が身近に感じる場所以外での出来事は、ニュースで見ても記憶に残らないだけなのだろう。あの地のあの人はいまどうしているだろう。そう思って、顔を思い浮かべられる人、風景を思い出せる場所が、旅をするほどに増えていく。するとより広い世界の出来事が気になるようになるのだろう。

夜、エレクトラの家に帰り、初めて彼女と顔を会わせた。

エレクトラとは、初めて会ったとは思えないほど、すぐに意気投合《いきとうごう》することができた。その後二、三日一緒に過ごしただけだったのに、なぜかずっと前から知っている友だちのような気持ちになった。エレクトラは、まさにギリシャ彫刻のような彫りの深い顔にラテン気質な明るさを備えた素敵な女性だった。そのとき学生だった彼女は心底旅が好きなようで、大学を終えたらとにかくどこかに行きたいという情熱に溢れていた。ぼくらが彼女の家に行ったときも、間もなくしたら、しばらくドイツに行く予定だと言っていた。

「ユウキとモトコの旅のことを聞いて、私ももっともっと旅がしたくなった。本当に二人の生活は素晴らしいよ」

エレクトラが人懐《ひとなつ》っこい笑顔で語るのを聞いて、ぼくは逆に自分たちの日々がいかに貴重なものであるかを再認識させられた。ぼくらにとっては旅をする毎日があまりにも日常化してしまい、それがどれほど贅沢《ぜいたく》で豊かな時間なのかがわからなくなっていた。でもたしかにエレクトラが言うとおりなのだろう。オーストラリアから始まった遊牧民のような日々のすべてが、自分たちの人生において本当にかけがえのない経験であるにちがいなかった。

日本で仕事に戻らなければならないトモキは、予定どおり二十一日に帰国した。

その日の夕方、地下鉄で彼に別れを告げた。

「仕事、がんばれよ」

「うん、ユウキくんたちも気をつけて。今度は日本で、かな」

自分たちにとっても日本はもう遠くなさそうだな。そう思った。トモキは以前、昆明《こんめい》にも来てくれたが、そのときに彼を見送ったときとは自分の気持ちがずいぶん違うことに気がついた。間もなく自分もこの旅を終えて、彼のように日本でしっかりと働くことになるかもしれないのだ。地下鉄に乗り遠ざかるトモキを見ながら、ぼくは想像した。自分たちはいったいどんな景色を見ながら日本へ向かうのだろうか、と。

その翌日、アテネでまた別のカウチサーファーの家に泊めてもらったあとに、船でエーゲ海の島に渡った。

一番行きたいと思っていたのは、アモルゴスという島だった。映画『グラン・ブルー』の撮影に使われたことで知られる島だ。ぼくもモトコも『グラン・ブルー』が好きで、それだけの理由で行きたいと思った。あの美しい映画を撮るためにリュック・ベッソンが選んだ島であるとすれば、美しいにちがいない。

モトコはこうも思っていたはずだ。もしかしたら、イルカにまた出会えるかもしれない、と。『グラン・ブルー』は伝説のダイバー、ジャック・マイヨールの話である。その中でイルカが一つの重要なモチーフとなっている。四年前、インドネシアの捕鯨村《ほげいむら》ラマレラでイルカの群れを追いかけたときにぼくが思い浮かべたのも、この映画のポスターだった。

結局イルカを見ることはなかったけれど、この島の美しさは想像以上のものだった。白と青で統一された街並みは、すべてが青空に同化しているような爽《さわ》やかな輝きに満ちている。断崖《だんがい》にへばりつくように建てられた修道院は、静謐《せいひつ》であると同時に猛々《たけだけ》しかった。

その上、オフシーズンだったこともあり、いい宿が驚くほど安かった。ベッドルーム二つに、キッチンとリビングがついた新しくとてもきれいな家を丸ごと借りて、二人で一泊二五ユーロでしかない。もちろん、アジアにいたころに比べると格段に高いものの、このころは安く感じるようになっていた。

「こんな贅沢な日々を送っちゃっていいのかな……」

そう話しながら、キッチンで作ったオイルパスタを、海が見えるテラスで食べた。それはこの旅のなかで経験したもっとも優雅なひとときかもしれなかった。

それから再びアテネに戻り、数日を過ごしてから、今度はバスでペロポネソス半島のパトラという港まで行った。イタリアへ向かうフェリーに乗ろうと思っていたのだ。

「急ごう、走ろう！」。ギリギリで到着し、出航直前の大きな白い船に飛び乗った。それはまるで、この長い旅の最後となるかもしれない局面を駆け抜けている自分たちの日々そのものだった。

船が港を離れていく。エレクトラたちの顔を思い出しながら、離れていく港を眺め続けた。いよいよ次はイタリアだ——。

気がつくと、もう四月になっていた。

22

筆走るイタリア

ガラガラの大きなフェリーに一晩乗って、イタリアのいわゆる「ブーツのかかと」あたりにある港町バーリに着いた。

「気をつけて降りてくれ。じゃあな」

フェリーのスタッフにそんなひと言で見送られるだけで、ぼくらは外に出た。一歩出ると、雨が冷たく、港の地面には複数の水たまりができていた。その中を早足で歩きながら、ぼくはモトコにつぶやいた。

「本当にパスポート見せなくていいんだなあ」

ＥＵ圏内は陸路や海路で国境を越えればパスポートチェックがないらしい、というのは聞いていた。しかし、実際にギリシャからイタリアに入るのにまったくパスポートを出す必要がないことには改めて驚かされた。

フェリーに乗るときも、「日本人か？」と訊かれ、「はい」と言ったら「じゃ、ＯＫ。乗って」と言われただけ。それだけで国境を越えられてしまったのだ。

これまで複数の国境を越える中で、国境という境界線の両側でどれだけ世界が変わるのかを実感してきた。ＥＵをなす国々は、外から見れば同じヨーロッパだとはいえ、言葉も文化も歴史も抱える問題も大きく異なる。それは、日本と中国と韓国について考えてみればすぐにわかる。そういった複数の国が境界線をなくすというのは、想像以上に大変なことにちがいない。壮大な試みが実践に移されているのだ。そのことを、イタリアに入国したときに実感した。

東海岸のバーリから、洞窟《どうくつ》住居で知られるマテーラへ、そして西海岸のナポリへ。

各町の表面を軽く撫でるように見るだけで、どんどん先を急ぐことになった。物価が高かったこともあるし、疲れきっていたということもある。マテーラの中世さながらの町並みは強く印象に残ったし、ピザ発祥の地と言われるナポリで食べたマルゲリータも本当においしかった。しかし、自分にもモトコにも、もはや、細かく移動していろんな場所を見て回ろうという気力が十分になかった。体力的にも金銭的にも、ぼくらは疲弊《ひへい》しきっていた。

その上、たまたまぼくはこのころ仕事が重なり、複数の原稿を短期間で書かなければならなかった。夜にゲストハウスで、または列車での移動時間で、原稿を仕上げることに必死だった。取り組んでいた仕事は、たとえばこんな内容だった。

一つは、ギリシャの最底辺に暮らすロマの人々、いわゆるジプシーについて。

一つは、中国で出会ったイスラム教徒について。

一つは、国境に関する連載のアルメニア・グルジア編。

嫌気がさすほど暇な日が続くこともあるのに、このときはやたらと忙しくなってしまっていた。ユーラシア横断にかかる自分自身の費用は、こうして書くことで概ねまかなうことができていた。自分が目指しているようなものが書けているわけではけっしてない。それでも四年前、東南アジアを縦断していたときのことを考えると、少なくとも仕事がそれなりに得られているという点では、成長していることを実感できた。

原稿と格闘しながら、ナポリから一気にローマまで来た。ローマの町並みを見るといよいよ、イタリアという国の確固たる意志が感じられたような気がした。

首都であってもけっして経済には振り回されない。文化や歴史が主役であり、それこそが何よりの財産である。そのことに疑いをはさむ余地はない――。町全体が無言でそう語りかけているように思えたし、この国では誰もが当然のこととして考えているのだろう。町全体から匂い立つその強い意志に、ぼくは惹かれた。原稿の進み具合が気になりつつも、ローマの有名観光スポットはやはり見ておきたいと思った。

衝撃を受けたのは、最大の見どころの一つであるバチカンのシスティーナ礼拝堂に描かれた「最後の審判」と「天地創造」だった。このあまりにも有名な作品を見るために、すさまじい数の観光客の中の一人となって、狭い回廊《かいろう》をずっと並んで進んでいった。目的の場所にたどり着くまでは本当に距離が長い。まだかまだかと思いながら一時間も歩いただろうか。

それだけ期待が高まったせいもあったかもしれない。礼拝堂内の天井と祭壇が視界に入ったとき、思わず全身がゾクッとした。絵のすごさももちろんだが、それ以上に、五百年も前にまさにこの場所で、何年もかけてミケランジェロ本人がこの天井に描いていたんだと思うと、自分がいま歴史の中にいるような錯覚におちいったのだ。

「上から垂れてくる絵の具でミケランジェロは視力を失いそうになりながらも仕上げたらしいよ。大嫌いだったダ・ヴィンチに対して、『チクショー、負けるか!』って思いながら……」

どこかで読んだにわか知識を知ったかぶりでモトコに話しながら、しかしぼくはその状況を思い浮かべて心から感動していた。物を生み出すとはこういうことなのか。そこには、「創る」ということを運命づけられた才能ある作家の、自らの運命に対する怨念《おんねん》のようなものまでが染みついていたように感じた。天才であることはむしろ悲劇なのかもしれない。そう思わせる悲壮なまでの美しさが、この空間を包み込んでいた。

自分にはまだ、何かを生み出したと言えるようなものは一つもない。けれど、自分の分身と呼べるような何かをいつかこの世に送り出したいという気持ちは強くある。できるかどうかは別として、ただその気持ちがあるからこそ、自分は旅をしているのかもしれないと思うときもあった。自分はそもそも、モトコのように純粋に旅を楽しんではいないのかもしれない。そうだとすれば、この旅は自分にとっていったい何なのだろうか……。これまで、何度も何度も頭の中を駆け巡っていた問いに、このときまた突き当たった。

ずっとこの絵を見ていたいと思った。そんなことは初めての経験だった。

ぐったりと疲れて宿に戻ると、すぐに頭は、自分がいま終えなければならない仕事のことでいっぱいになった。というのもこの日の朝、また新たに書くべき原稿が増えたからだ。

しかもそれは、他の原稿以上に時間がかかりそうな仕事だった。イスタンブール以来気になっていたチベットでの出来事について、週刊誌に書かないかと言われたのだ。

経緯《けいい》はこうだ。

ぼくは、あの騒乱が起きて以来、状況を正確に知りたいと思い、ネットで見られる範囲ではあらゆる報道を見ようとしてきた。何週間たっても正確なことはほとんどわからず、中国側とチベット側双方の主張も、まったくかみ合わないままだった。

しかし何週間もニュースを見ているうちに、いつしか自分の立ち位置は明確になっていた。複数の要因が複合的に絡み合っていることは感じるものの、ぼくは、チベット側の主張のほうが事実に近いはずだと思っていた。今回の出来事に関して現地のチベット人たちによって集められた仔細《しさい》な状況報告と悲痛の叫びを読むと、それらの情報が事実かどうかを判断する手段はないとはいえ、その具体性や切迫感は、かなり事実に近いものではないかと思えた。また、チベット文化圏（中国国内）に住む日本人の友人からも、苦境を訴えるチベット人の具体的な声や、メディアには出てこない内部の情報が届いていた。

一方、中国政府は暴動に対して発砲など過剰な手段に訴えており、それによって多数の死者がでていることはたしからしかった。そしてその状況を隠蔽《いんぺい》し情報を遮断《しゃだん》しようと躍起《やっき》になっている。そんな政府の主張を真に受けることはできなかったし、そういった姿勢こそが、長年チベット人たちが直面してきた現実であり、またこの問題の核心でもあるだろう。非難されるべきは中国なのだ。ぼくは強くそう感じた。

ただしかし、思えば思うほど気になることがあった。それは、日ごろ人権問題や世界の平和構築などに熱心な、あえて言い方を変えれば、一般的に「左寄り」と見られているメディアや団体が、ほとんどこの問題に触れていないらしいことだった。

ぼくが頻繁《ひんぱん》に記事を書かせてもらっていた週刊誌もそうだった。その週刊誌はチベットの出来事から一カ月がたとうとしていたにもかかわらず、ネットで目次を見るかぎり、まったくこの問題に触れていなかったのだ。

それがとても不可解だった。

やはりこうしたメディアは、結局は「中国寄り」ということなのだろうか？　だから中国の不当な弾圧に関しては声が小さくなってしまうのだろうか？

そうした疑問がいつしか頭を離れなくなり、ぼくは、いつも原稿を担当してくれていた編集者にメールで直接訊いてみた。なぜ貴誌では、この問題にまったく触れないのですか、と。するとすぐに返信が来た。

「意図的に触れていないわけではありません。ただ単に人手が足りずチベットに関する記事を書くことができないでいるのです」

概ね、そのようなことが書かれていた。そしてそのメールの中には、よかったら近藤さんが書いてくれませんか、とぼくにその仕事を依頼する言葉も書かれていた。今回の出来事に関連してチベット問題の全体を概説するような原稿を書いてくれないか、と。

締切がかなりタイトだったものの、自分から提案したようなものだったこともあり、やるしかないと思った。そして何よりも、その週刊誌を含め親中的なメディアが口をつぐんでいる状態に違和感を覚えているという気持ちを、そういったメディアで表明できることは意味があることだと感じた。また、自分にとって身近だったその週刊誌が、そうしてこの問題について自由に書かせてくれるということにほっとしてもいた。

イタリアにいる自分に書けることはかぎられてはいる。ただ、現地チベットにいる人間に連絡が取れるため、その人に取材をすることで、何かが書けそうな気はした。

「わかりました。やらせていただきます」

そう返信した。

翌日からローマ近くの小さな村に数泊したあと、フィレンツェへ移動した。

ルネサンスの中心地だけあり、さすがに町全体が至宝《しほう》で満ち溢れている。しかし物価が高すぎた。美術館もすべて見て回ったらとてももたない。そのため、もっとも有名なウフィッィ美術館は訪れたものの、残念ながらダビデ像のあるアカデミア美術館はパスという情けないことになってしまった。

一方、夜は、ゲストハウスでチベットに関して調べ、書く日々を送った。

現地に住む日本人女性の知人にも細心の注意を払って連絡を取り、状況を教えてもらった。電話の盗聴やメールの検閲《けんえつ》などにも注意しないといけないとのことだったので、メールもわざとめちゃくちゃな漢字を使って書いたりした。

彼女の対応や言葉から、現地の緊迫《きんぱく》した様子が伝わってくる。

彼女がいたのはデモや騒乱が起きた場所ではなかったものの、みなどこで盗聴されているかわからないとおびえながら暮らしている、遠出したり集団で行動することが事実上制限され、必要な仕事ができず経済的にも打撃を受けている……。

そんなことを伝えてくれた。そして彼女は、自分たちの名前はもちろん、場所もけっして特定できないようにしてほしい、と念を押すように書いていた。

賑やかなゲストハウスのコンピュータスペースで、そうしたメールを夜中まで読んだ。自分が知っているチベットの風景と教えてもらった情報とを頭の中で重ねながら、各国のバックパッカーたちと並んで座って、急いで記事を書いていった。

フィレンツェに三泊した翌日、ぼくらは「水の都」と呼ばれるベネチアまで移動した。

ベネチアもまた物価があまりにも高く（一ユーロ＝一七〇円程度まで値上がりしていた時期である）、安宿とはいえとても中心部に泊まれそうにはなかったので、少し郊外にある、主に車で来ている人用のキャンプサイトに泊まることにした。

着いてみるとそこはまさに、緑色のバンでオーストラリア大陸を縦断中に連日泊まっていたような場所だった。「ああ、思い出すなあ……」。にわかに当時の記憶が蘇った。七〇〇〇キロをともにしたあのボロボロのバンはあれからどうなったのだろう。ぼくらからイギリス人カップルの手に渡り、メルボルンに向かった。その後ろ姿を見送ったのももう四年前になるのだ。つい最近のことのようにも思えるし、遠い昔のことにも思えてくる。

あのころ見ていた風景を、ときどき思い出しながら、部屋の中で夜中まで原稿を書いた。そして締切日の朝、近くのネット屋で原稿を送信してようやくひと段落となったのだった。

「やっと送れた……。とりあえず、今日、明日はゆっくりできそうだよ」

川が道のように町中を走るベネチアは、観光客の数の多さが圧倒的だった。まるで巨大なテーマパークにいるような気分になった。だが、快晴の空の下、無数のハトがいるサン・マルコ広場でクラシックの生演奏を聞いていると、ああ、ヨーロッパにいるんだな、という気分が高まった。

その五日後、原稿は雑誌に掲載となった。二ページだけの記事で、大して目新しい情報を盛り込むことはかなわなかった。ただ、自分が一番訴えたかったことは、そのまま何も修正されることなく載せてもらうことができたのはありがたかった。ぼくは、その記事の最後の部分をこう結んだ。

今回の騒乱で、当然のことながら国際社会は中国政府への非難を強めている。日本では、政府の対応はあまりに形式的なものに終始しているが、インターネットなどを通じた個々人による活動が大きな動きを作っているようだ。その一方で、これほど重大な出来事であるのにもかかわらず、人権や平和への意識が高い団体やメディアの多くが、沈黙に近い状態でいるようなのが気にかかる。

もし、人権や平和を大切にしているはずの人々が、中国の顔色を窺《うかが》ってチベット人への弾圧に目をつぶっているとすれば、それは非常に残念な、憂慮《ゆうりょ》すべきことである。日ごろ中国を気にかけている人たちこそ、いまはっきりと中国に抗議すべきなのではないだろうか。私も中国に二年半暮らし、この国へは非常に親近感がある。だからこそ中国には、自らの過ちを見つめなおしてほしいと、強く願っている。

（『週刊金曜日』２００８年4月25日号）

ネットを見れば、中国が嫌いという理由でチベットを支持する人が多いことはすぐわかる。チベット問題を、中国を叩《たた》くために利用しようとするスタンスには、ぼくは大きな違和感を持っていた。だからこそ、文章自体は、自分の感情だけが先走ったような青臭さがあったけれど、その気持ちを率直に書いた。

この記事が出たころ、ぼくらはすでにイタリアを出ていた。ベネチアから一気に列車に乗ってスイスへと国境を越えた。そして、オーストラリア・バンバリー時代の知人が住むトゥーンという町にやってきていた。

23

夫婦の選択肢

「おはよう。私は仕事に行くけど、まだ寝てていいからね」

そう言って出ていく家主のテリーを見送ってからモトコと二人で起きだして、もう一人の家主であるルーシーと三人で朝食を食べる。スイス中部・トゥーンの友だちの家に転がりこんでから、しばしそんな日々が始まった。

旅らしい旅は、イタリアで終わったという気分だった。これからヨーロッパで訪れる予定だったのは、友だちがいるという理由で行く町ばかりだ。もはや、ぼくもモトコも、積極的に何かを見たいという気持ちはほとんどなくなっていた。とはいえ、人に会いたいという思いは強い。とにかくこの機会に会える友人には会っておきたい。友人たちを巡るだけでも、スイス、ドイツ、オランダ、フランスといった国々の大小の町が目的地となり、それだけでも十分にヨーロッパは堪能できそうだった。

その最初の目的地となったのがスイス中部に位置するトゥーンだった。頼っていったのは、オーストラリアのバンバリーに暮らしていたころに知り合ったテリーとルーシーという二人の女性。彼らとは、一緒にイルカボランティアをしていたわけではないため、当時それほど親しかったわけではない。けれども、今回連絡を取ってみると、「好きなだけうちに泊まっていっていいからね！」と、大歓迎してくれたのだ。

二人の家は、スイスらしい自然の溢れる風景の中にあった。家を出るとすぐ、遠くに荘《そう》厳《ごん》な雪山の一群が目に入る。目の前の広い草原には、たんぽぽだろうか、黄色い花が緑の床の上にまかれたパウダーのように一面を覆っている。その向こうには複数の牛が静かに草を食《は》んでいる。

「こんな贅沢な近所の風景、見たことないよなあ……」

モトコと自転車で家の周りを走りながら、その景色に毎回感激した。木々、花々、動物たちの息づかいが溶け込んだそんな空気のなかでぼくたちは、これまでの移動の疲れを癒《いや》すかのように、何をするでもなくのんびりと穏やかな日々を過ごさせてもらった。

ルーシーとテリーは、日中は仕事に出かけていく。その間ぼくらは家にいたり出かけたりと、勝手気ままに行動した。そして夜、二人ともが仕事から帰ってくると、いつも四人でお茶を飲みながらお互いに一日のことを話したり、一緒にゲームをしたりした。

彼らと過ごしながら、ぼくはしみじみと感じるようになっていた。自分の家があって、気心知れた友人が近くにいて、安くておいしいカフェやレストランを知っていて、職場など日々行く場所があって、休みの日に休暇の喜びを実感できて、毎日見かける木々の変化に季節の移り変わりを感じられる生活が、いかに素晴らしいものであるかということを。もしかすると、旅を始めてから、そんなことを心から思ったのは初めてのことだったかもしれない。

旅が終わらないとしても、この先どうするかを真剣に考えなければならない時期に来ていることはたしかだった。日中、モトコとぼくは、よくカフェなどに行って今後について話をした。トゥーンの町なかには大きなガラス張りの本屋がある。その中のカフェの、窓際の席がとくにぼくたちのお気に入りの場所だった。

「もう五年だよ……。はじめは二、三年って言ってたのになあ。おれ、バカみたいだけど、日本を出たころは永遠に三十代になんてならないんじゃないかって気もしてた。日本に帰ろうかどうしようかなんて考える時期が来ることを全然想像してなかったよ」

だがもちろん時間はたつ。人は年を取るし、気持ちも変わる。いつまでも終わりのない旅をしたいと思って日本を出たけれど、このころすでに二人とも、終わりは来る、ということをはっきりと意識するようになっていた。いや、やろうと思えばこのままの生活をもっと続けられることはわかっていた。金銭面などテクニカルな点から言えば、いつまでだって続けられるような気もしていた。しかしモトコもぼくも、それを望まなくなっていた。体力的な疲れのせいか、旅を倦《う》むような気持ちもあった。感動も日に日に減ってきていた。

自分に関していえば、常にアウトサイダーでいることに疲れてきたということが大きかった。自分がよく知る文化圏の中で社会と深くコミットしながら生活したいという気持ちがこのころかなり強くなってきていたのだ。それはぼくが日本で働いたことがなかったこととも関係があったかもしれない。すぐに帰りたいというわけではなかったけれど、アルメニアあたりからはっきりと意識するようになったその気持ちは、これからますます大きくなっていくのではないかとぼくはどこかで感じていた。

日本に帰ることになったらどうやって生きていくのかについても、二人ともかなり気になり始めていた。このときモトコは三十二歳、ぼくは三十一歳だった。仕事をすぐに見つけることができるのだろうか。日本で家賃を払って普通に生活を始めることが自分たちにできるのだろうか。果たしてライターとしてやっていけるのだろうか。不安要素は無数にある。

他人から見ると、ぼくたちは破天荒《はてんこう》な生き方を望み続ける自由人のように見られることが多かった。しかし実際にはそうではない。中学時代からずっと理系路線を進んできた自分は、エンジニアなどとして企業で研究開発に携《たずさ》わったりしている自分も違和感なく想像できた。

就職しないでフリーでやっていくことを決めたのは、高校時代から悩まされてきた吃音《きつおん》のために、自分には会社勤めは難しいかもしれないと考えるようになったからだ。そういった理由がなかったならば、ぼくはきっとこんな長旅に出るという決断をすることはできなかった。

モトコにいたってはぼく以上に、日本でしっかり働く生活にすんなりと順応できるタイプのはずだった。だからぼくらにとっては、日本でのいわゆる一般的な生活にいつか戻ることは、ある意味自然なことだった。

日本に帰ろうと思う大きな要因としてもう一つあったのは子どものことだ。ぼくもモトコも、いずれは子どもをほしいと思っていたし、自分たちの年齢的にも、まだいい、と先延ばしにできるほどの余裕がなくなりつつあることはわかっていた。

中国に暮らしているころに一度、ぼくは「中国で産んでもいいんじゃないの？　ワイルドな子に育ちそうでいいかもなあ」などと話したことがあった。しかしモトコにとって、それは選択肢としてはありえないようだった。産むのであれば日本で産む。そして少なくともしばらくは日本で育てたい。それは彼女の中に前提としてあるようだった。

ぼくは、自分の視点が、身体を直接痛めない男目線であることに気づかされるとともに、自分とモトコが、つまりは自分たち夫婦がこの先どんな生き方を思い描いているのかをこうした会話から知っていった。

いまのような生活をすることは、今後を生きていくにあたっていかにいろいろな選択肢があるかを教えてくれる。出産ひとつをとってみても、日本でなのか、中国でなのか、それともどこか知らない国でなのかと、いくらでも考えを広げることができるようになった。そしてそうした選択肢を実際に想像した上で自分たちがどうするかを決めることで、自分がそして相手が、何を望んでいるのかがよく見えてくる。夫婦として一緒に生きていく上で、それはとても大切なことだとぼくは感じた。そうした会話を積み重ねることで、ぼくたちは少しずつ今後の生き方を決めていった。

トゥーンにいる間に、方向性は少しずつ明確になっていった。しばらくヨーロッパのどこかに住むか、そうでなければ、どこかでこの生活に区切りをつけて日本に帰る。それがなんとなく二人の間で自然と絞られてきた選択肢だった。極寒の中央アジアで盛り上がったアラスカは、暖かくなって以来まったく名前が出なくなっていた。

ただ、ヨーロッパに住むとするならば、クリアしなければならないことがあった。それは、モトコにとっての、この旅を続ける意味にかかわることだった。

「ヨーロッパにしばらく住むなら、ちゃんとやることがないといややわ。ぶらぶら過ごすだけなら、日本に帰るほうがいいな、私は」

彼女は、このまま海外にい続けるのであれば何かしら充実感が得られることをやりたいと考えていた。それは、彼女がずっと思い続けてきたことであり、二人で旅をしていた自分たちにとって、まだ旅を続けていくかどうかを決める上でもっとも大きな問題でもあった。

モトコには、具体的にイメージしていたことがあった。それは「ドッグトレーナー」などの犬関係の仕事をすることだ。ヨーロッパの国々では、犬を飼う前にまずドッグトレーナーのもとに連れていき、基本的なしつけなどをしてもらってから家に連れて帰って飼い始めるのが一般的らしい。そのため、ドッグトレーナーという存在が普及しているという。

「ドッグトレーナーかそれに近いような仕事をインターンやボランティアとかでもヨーロッパで経験できたらいいなあ。そうしたら、日本に帰ってから自分でもそういう仕事を始める足掛かりができるかもしれないしなあ……」

モトコはそんな仕事を経験できるような場所をヨーロッパで見つけようとしていた。そして、それが実現できないのであればもう日本に帰りたい。彼女はそう思っていた。

ぼくとしては、どうしてもここに行きたいというのがあったわけではなかったので、ヨーロッパでモトコの希望に沿う場所があれば、そこに住むのは問題なかった。これまでの経験から考えれば、どこの国でもしばらくライターとしてやっていく方法はそれなりにあるだろうし、なんとかなるだろうと思っていた。希望を言えば、スペインかポルトガルに住みたいというのはあったものの、モトコには、その二カ国はドッグトレーナーなどあまりいないだろうとすぐに却下《きゃっか》された。なので、もうあとは流れにまかそう、という気持ちだった。

いずれにしても、そのようなことを念頭に置いた上で、ヨーロッパで友だち巡りの旅をしながら、各地の状況を調べていこうということになった。

まずはトゥーンで、そしてドイツやオランダでも、友人にそういう可能性を訊き、手伝ってもらいながら人に会ったりしていった。スイスでは犬と話せるという不思議な人物に会いに行き、ドイツでは犬の保護施設を見学にも行った。履歴書を送る準備も整えていた。

しかし、そうして実際に動いてみると乗り越えなければならない一つの壁が明確に見えてきた。それは言葉だ。やはり英語だけではなく、ドイツ語なり現地の言葉を話せないと難しいようなのだ。イギリスに行くという選択肢もあったものの、イギリスは二人とも住む場所としてあまり惹かれていなかった。また、一年間ドイツ語を学んでからということも考えたけれど、これからまたしばらくの時間を語学に費やすことには、二人とも積極的にはなれなかった。

「やっぱり難しいかなあ……」

現実の状況を知れば知るほど、モトコはだんだんと帰国するほうへと意識が向いていっているようだった。ぼくは、旅の終わりを意識しながらも、日本に帰ってフリーのライターとして生活を成り立たせる自信はまだなかったし（不思議なことに、海外ならどこでもなんとかなる気がしていたけれど、日本だけはそうは思えなかった）、きっぱりと旅を終えるという決断をできていたわけでもなかった。だからいざ帰国が現実味を帯びてくると、なんとか住める場所が見つからないかと願う気持ちも強くなった。だが、現実を見るほどに、いよいよそうもいかなそうなことを感じていった。

そうしてあれこれ悩み、右往左往していたときのこと。自分にとって一つの転機が訪れた。ぼくは、思ってもみなかったきっかけから自分の気持ちを揺り動かす出来事に直面した。

24

中国の友人からの辛辣な批判

それはオランダ南部のアクセルという小さな村で、バンバリー時代の友人であるクリステルの家に泊めてもらっていたときのことである。出来事とは、三月に起きたチベットでの暴動に関係することだった。暴動について四月に週刊誌に記事を書いた。その記事を、日本で一緒に映像制作の活動をしていた中国人たちとのメーリングリストに紹介したことから事が起きた。

すでに書いたとおり、今回の暴動について、ぼくは中国を強く非難するべきだと感じていた。中国を身近に感じる立場からその思いを表明したくて記事を書いた。一緒に活動をしてきた日本在住の中国人の友人たちは、たとえ意見が多少異なろうとも、自分の気持ちを受け入れてもらえるものだと思っていた。ぼくはそれだけ、今回の事件について中国に非があることは誰にとっても疑いがないと感じていた。

しかし、それは自分の思いこみにすぎなかった。記事を読んだとても親しい中国人の友人から、ぼくは思わぬ反応をもらうことになったのだ。

日本語で書かれたその友人の返事は八〇〇〇字を超える長文だった。

そこには彼女の、チベット問題に関する見方や、ぼくが書いた記事についての彼女の意見が書かれていた。そのすべてをここで伝えきることはできないし、一部を引用すると誤解を招く可能性もあるのであえてしない。

ただそこには、ぼくに対する怒りのような感情までが見て取れた。彼女のチベットに対する歴史的な捉え方や今度の問題への見方は、ぼくとはまったく異なっていた。それは、ある程度まで予想はできていたけれど、自分に対する刺々《とげとげ》しい言葉には驚かされた。そしてぼくがこれまで中国について日本の雑誌で書いてきた記事についても、辛辣《しんらつ》な批判がなされていた。書いた記事は表面的すぎる、中国語もほとんどわからずに中国で二年半暮らしただけでいったい中国の何が書けるのだ、と——。

その返事を読んで、しばらく感じたことのなかったような猛烈な怒りが込み上げてきた。何言ってんだ、ふざけんな。自分こそ、チベットのことなんて何もわかってないじゃないか——。

彼女の文面の刺々しさは、彼女が日本語という外国語で書いているという点を差し引いて考えなくてはいけないのはわかっていた。しかしそれでも、いてもたってもいられなくなった。自分がもっとも信頼している中国人の友人の一人に、自分が中国で暮らしてきた二年半を全否定されたようだったのがショックだった。もっともぼくの苛立《いらだ》ちの原因は、彼女の書いていたことのいくつかが、実際に痛いところを突《つ》いていたからでもあった。

すぐに反論したくなり、ぼくはその日ずっと部屋にこもって彼女への返信を書いた。一日たって気持ちが落ち着くのを待ったほうがいいとは思った。だが、そうすることができないほど、ぼくは気持ちを抑えられなくなっていた。そして六〇〇〇字を超える反論文を書き上げた。彼女の言葉を読んだ八時間後にはメーリングリストへと投稿していた。

チベットの問題は、互いに信じることがあまりにも異なるし、水掛け論になるだけなので詳しく触れることはしなかった。また、彼女が指摘していた、イタリアにいながらどうしてチベットの記事が書けるのかという点について、自分なりの言い分はあるものの、その指摘の正しさに素直に頷《うなず》くしかない点もあった。また彼女のメールを読んでからもう一度自分の記事を見直すと、たしかにぼくは、意識的だったとはいえ記事を書く立場として、チベットに寄りすぎていたかもしれないとも感じた。

しかしその一方、ぼくは彼女の言い分の大半については納得できずにいた。そして怒りにまかせて、これまで感じてきた中国人への疑問などを一気にその中に書きつけた。

どうしてあなたは、これほどの言論統制をする中国政府から聞いてきたチベットやウイグルの歴史を疑いなく信じることができるのか。中国人はみな日本の侵略の歴史には詳しいし、日本人に対して歴史を知らないのは許されないと言いながら、どうして自分たちの国が外国にしてきたことにはここまで無頓着《むとんちゃく》になれるのか、と。

それはぼくが中国に暮らす中で常々感じてきたことだった。昆明の語学学校の先生ともそのことで激しい議論になったことがあったけれど、普段はなかなか面と向かって言うことはできずにいたことだった。ぼくは冷静な気持ちではなかった。強い怒りを感じていた。しかしそれと同じくらい、大きな寂しさを感じていた。

二年半暮らして自分なりにある程度わかったと思っていた中国について、中国人について、じつは自分は何もわかっていないのではないか。ふとそんな気がしたからだ。結局ぼくは、彼女が言うように、中国語も、中国についてもろくにわからないまま、表面的なことを書いてきたにすぎないのではないか。もっとも身近に感じていた中国人の友人の気持ちすらも、ぼくはまったく理解できていなかったのだ。

そして、考えれば考えるほど、それは認めなければならないのだろうとぼくは思った。もちろん、外国について日本の雑誌などに日本語で書く場合と、現地のメディアに現地の言葉で書くものとでは、情報の深さなどが違うのは当然だ。それは、言葉の壁などによって取材に限界が生じてしまうといった技術的な問題とは別に、読者の持っているそもそもの知識量や興味が異なるからにほかならない。

しかしそうはいっても、自分が旅をしながら各国について書いたものを現地の言葉に訳して現地の人に読んでもらうとしたら、果たしてどんな反応が返ってくるのだろうかと考えると、少し恐ろしい気もしてくるのだ。なに、薄っぺらなことを書いてるんだ、全然おれたちのことなんてわかってないじゃないか。この友人から言われたこととまったく同じことを言われるかもしれないのだ。

自分の文化圏の中で生活して書くということは、そういった批判に常にさらされることなのだともいえる。彼女から得た強い批判こそ、もしかすると、物を書く上で常に対峙《たいじ》しなければならないものではなかったのか。自分はまだ駆け出しであったとはいえ、これまでずっとそれを免除され続けてきたし、意識しないですんでしまった。そう思ったとき、ぼくは彼女が、このようなデリケートな議論を母国語ではない日本語でやっていることのすごさに気がついた。彼女はメディア関係の仕事をしている。日本について発言すれば、多かれ少なかれこのような批判や冷ややかな反応を受けることもあっただろう。そうしながら十年を超える期間、日本で生きてきたにちがいない。そう考えると、彼女がぼくに対してぶつけてきた怒りのようなものがわからないでもない気もした。

自分はそろそろ日本に帰って何かを書いてみるべきなのではないか。日本のことを日本語で書く。おかしなことを書けば強い批判が待っている。そんな環境で、緊張感を持ってやっていかなければならないのではないか——。

そうした思いは、少しずつ確固たるものとなっていった。帰国という選択肢が、自分の中でいよいよはっきりとした輪郭を持ちはじめた。

オランダを離れるとドイツに渡った。それからチェコ、ポーランドをへて、ぼくらは再びスイスを訪れることになった。まだ会えていない友だちがいたからだ。

北部のチューリッヒ近郊、南部のローザンヌ近郊で、それぞれ友だち夫婦のところに世話になり、計一カ月ほどを過ごした。会うべき人には概ね会え、本当に楽しい毎日を送ることができた。

そうして友人巡りの日々を終えたあと、ぼくらは再びトゥーンに戻り、ルーシーとテリーの家に転がりこませてもらうことになった。

「スイスも、ヨーロッパも、これで本当に最後だな」

ただぼくには、あと一つだけ、スイスですることが残っていた。

25

亡命チベット人との出会い

湖と山に囲まれたトゥーンは、二度目に訪れるとすっかり親しみを感じる町になっていた。品があってきめ細やかで、なおかつ壮大なスイスらしい美しさは夏になっても変わらない。「スイスは本当にきれいだなあ」。ぼくはトゥーンを再訪して改めてそう感じた。

ここに戻ってきたのは、単純にもう一度訪れたかったということもあったが、もう一つ別の目的があった。それは、ルーシーにある人を紹介してもらうことだった。

晴れて気持ちのいい火曜日のことだった。ルーシーとともに町の中心部にあるトゥーン駅に行くと、彼女はいた。

「あの子よ」

それは、黒髪と浅黒い肌を持つ若い女性だった。大きなサングラスが晴れた青空によく合っている。「ハーイ！」と陽気に手を振る彼女の隣には、小学生ぐらいの小さな女の子もいた。妹らしい。初めて会うのに、ぼくはすぐに親近感を覚えた。それは彼女たちが、駅の人ごみの中にいた数少ないアジア人だったからだろうと思う。彼女たちは、いわゆる「亡命チベット人」と呼ばれる人たちなのだった。


四月に最初にトゥーンを訪れたとき、ルーシーがこう言ってくれたのが、この女性に会うことになる最初のきっかけだった。

「スイスには、中国から亡命してきたチベット人がたくさんいるの。私もトゥーンにチベット人の女の子の知り合いがいるのよ」

三月に起きたチベットでの騒乱の話をしていたときのことだった。

そのときは、へえ、そうなのか、と思うぐらいでしかなかったものの、オランダでの先の中国人の友人とのやりとりをへた後、ぼくは急にそのことを思い出した。チベットでの問題について、いろんな意味でもやもやした気持ちのままだったこともあり、スイスにチベット人が多いのなら、スイスにいる間に、何か彼らについて書けないかと思うようになったのだ。そうすることで自分なりに何かをつかみたいと思っていた。何かはわからないけれど、自分たちの今後にとって何らかのきっかけを与えてくれるかもしれない気もした。

スイスで友だちの家を転々としながら、ぼくはチベット人を探しては会い、話を聞いていった。僧侶、レストラン経営者、寿司職人、亡命政府の元役人、学生。立場はさまざまだったがみな快く会ってくれた。どうやってスイスに来たのか、いまどんな生活をしているのか、今回のチベットでの出来事をどう思っているか……。みな、自分の生活やチベットについて、思い思いに語ってくれた。そうした一連の取材の最後になるだろうと思っていたのが、トゥーンで会ったこの女性なのだった。

最初に彼女の顔を見たとき、彼女が、ぼくとモトコに会えたことを喜んでいるのはすぐにわかった。それは、ぼくらが同じアジア人だからということだけではない。日本人だからだと彼女は言った。

「私には日本人の友だちがいるんです。インドにいたときにできた友だちで、彼らがとてもいい人たちだったから、私は日本が大好きなんです」

川べりの広い芝生の上で、そう言って向日葵《ひまわり》のような明るく晴れやかな笑顔をのぞかせた。十八歳だという彼女は、ときにそれより上にも、また若くも見えた。

後ろに雪山が連なるその場所で、彼女は妹をあやしながらいろんなことを話してくれた。

「スイスでの生活は夢のようです。山もあってチベットに似てるし、それに自由だし」

ずっとチベットで育ったものの、二〇〇六年、すでにスイスに亡命していた父親に呼び寄せられ、チベットからインドをへてスイスに亡命できたのだと彼女は言った。

「チベットからは七人のグループで一カ月以上かけてヒマラヤを越えました。標高五〇〇〇メートル以上にもなる険しい山道を、少しだけの食べものを持って、警察に見つからないようにして歩いたんです。国境を越える前に警察に捕まったら、刑務所に入れられ送り返されておしまいです。道は厳しく、靴や食料がなくなったりすることもありました。道の途中に住んでいる人に、服と食料を交換してもらうこともありました」

それでもなんとかネパールへと国境を越えることに成功し、さらにインドに渡って、スイスに来た。

「チベットには自由がなかったから逃げたんです。両親はともに、チベットでデモなどに参加したため、何年も刑務所に行っていました。でも、私がヒマラヤを越えるときにはすでに母はベルギー、父はスイスに亡命を果たしていました」

横にいる妹は、母親とともにベルギーに亡命したという。ただ、いまは一時的にスイスへ遊びに来ているとのことだった。

緑に満ちた静かな川べりでそんな過酷な逃避行《とうひこう》の様子を話しながら、彼女はときおり、後ろに広がるアルプスを眺める。そしてまたこうも言った。

「スイスの生活は素晴らしいです。でも、本当のことを言うと、スイス人はあんまり好きになれないんです。友だちもほとんどいません。彼氏にするにしても、やっぱり黒髪のアジア人がいいなあ」

そう言ったとき、故郷を捨てて異国で暮らすことを決めた若い彼女の孤独が垣間《かいま》見えた気がした。美しい先進国で暮らせることを単純に喜んでいるだけではないらしい。

その一方、話しているうちに彼女の話に不明瞭《ふめいりょう》な点があることにも気がついた。インドからスイスに来た経緯を詳しく尋ねると話が二転三転する。また、ずっとチベットにいたにしては、英語が妙に上手なこともひっかかった。さらにモトコは、あとからぼくにこう言った。

「インドにいたのはスイスに行く前の数週間だけだと言っていたのに、その間にダライ・ラマに二度も会うなんていうことがあるのかなあ……」

何か言えないことがあるのだろうか。その場では、それ以上はあえて尋ねなかったものの、そう感じた。そして写真を撮らせてほしいと言うと、彼女は少し申し訳なさそうに、こう言った。

「個人を特定できるようなことは書かないでほしいんです。父からそう言われました」

彼女の気まずそうな表情をぼくは心に留めた。と同時に、それまでに取材してきた人たちのことを思い出した。


スイスに最初のチベット人が来たのは一九六〇年代に遡《さかのぼ》る。

一九五九年、チベットの不穏な空気が最高潮に達し、ダライ・ラマ一四世がラサを脱出しインドへと亡命した。そのとき彼を追ってインドに向かったチベット人は一〇万人以上いたと言われるが、彼らにまず手を差し伸べたのがスイスだった。スイスでチベット人の一部を受け入れることにしたのである。それは、インドに渡ったチベット人の多くが、慣れない気候や生活に苦しんでいたからだ。アルプス山脈があるスイスは、チベット人にとっては故郷を思い出させる風景に満ちている。

六〇年代、スイス側は一〇〇〇人という上限を決めてチベット人を受け入れた。しかししばらくしてその上限に達するとダライ・ラマがスイス政府に頼んだという。人数制限を設けないでくれ、と。そうしてスイスはチベット人を受け入れ続けた。

しかし時間がたつにつれ、スイスにやってくるチベット人の背景も変わっていく。もはやみながみな、「難民」や「亡命者」として堂々とスイスに来るわけではないのである。

どこかの国ですでに難民として受け入れられた人間が、さらに他の国に行って新たに難民として受け入れてもらうことは普通はできない。つまり、すでにインドで難民として受け入れられてインドで暮らしているチベット人が、さらに別の国に難民としてやってくることは、本来はできない。しかし実際には、少なくないチベット人が、より豊かな生活をしようと夢見て、インドから先進諸国に移り住んでいるのである。スイスでチベット人の入国管理業務にかかわったこともあるというチベット人はこう言った。

「スイスには、いまではおそらく三三〇〇人のチベット人が住んでいる。そのうち八〇〇人は、違法な方法で入国しているはずだ」

先のトゥーンの女性だけでなく、チューリッヒで話した複数の若いチベット人もみな、入国した詳しい経緯については口をつぐんだ。彼らはけっして、非合法な立場でスイスにいるわけではないものの、スイスで難民として認められるにあたってはなんらかの話を作り上げる必要があった。だから本当のことは、スイスに暮らしながらも隠し続けなければならなかったのだ。

トゥーンで会った先の十八歳の女性をここで仮に「ドルマ」と呼ぶ。

ドルマはぼくとモトコに会ったことがとてもうれしかったらしく、その後、「また会いましょう、一緒にご飯を食べよう」と、たびたび連絡をくれた。そしてある日、ぼくたちは、テリーとルーシーの家にドルマとその妹を招待して、日本食を一緒に作って食べることにした。

近くで手に入る食材で、簡単な寿司や焼そば、そしてナスの炒《いた》め物を作ると、彼女たちははしゃぎながら、うれしそうに食べてくれた。その様子を見てぼくは、彼女たちはまれに見る純朴さと陽気さ、そして礼儀正しさを備えたいい子たちだなと感じていた。

しかしその一方、その日、こんなこともあった。

テーブルに並んだ巻き寿司をつまみながらテリーとルーシーが、ドルマにどうやってスイスに来たのかを尋ねたときのこと。ドルマはやはり少し警戒した様子で、話をぼやかしているようだった。そして、さらに詳しく訊かれたとき、ドルマは緊張したのか口ごもった。よく見ると、彼女は涙ぐんでいた。その姿を見て、ぼくははっと気づかされた。十八歳の少女にとって、自分の本当の姿を隠しながら異国の地で暮らしていくことはけっして容易じゃないのだろう、と。彼女の涙がぼくの心に焼きついた。

その六日後——。ぼくらがスイスを出る前日のことだった。

このときすでに、間もなく日本に帰ることはほとんど確実になっていた。ぼくもモトコも、ようやく心を決めることができていた。ただその前にアフリカにまで足を延《の》ばすことにした。せっかくここまで来たのだから、アフリカの大自然の中で動物を見たいとモトコが強く望んでいたからだ。アフリカはまったく別世界に思えたし、ぼくも行ってみたかった。日本に帰ろうという気持ちは固まっていたとはいえ、もしかすると、その途中で何か予想もしない展開が待っていないともいえない……。そんなことも想像させるほどぼくらにとってアフリカは未知だった。

　その日、出発を前に、余計な荷物を日本に送ったり、お世話になったテリーとルーシーにプレゼントを買ったりしてバタバタと過ごしていた。すると携帯にメールがきた。ドルマからだった。

「最後にもう一度二人に会いに行っていい？」

　もちろんいいよと返事をすると、ドルマは夕方ごろに来ることになった。ただ、テリーとルーシーは、前に一緒に食事をしたときにドルマが何かを隠していたらしいことからあまりいい感情を持っていないようだったため、その日は外で会うことにした。

　待ち合わせた近くの公園に行くと、二人はいつもの明るい様子でそこにいた。

「もう明日出るんだね。次はどこに行くの？」

ぼくは自分たちの計画をざっと話した。

「まずはスペインに行って、それから船でアフリカへ渡るつもりなんだ。そのあとはまだ決まってないけれど、きっともうすぐ日本に帰ることになるかなあ」

そうなんだ、と楽しそうに、でも少し寂しそうに彼女はぼくたちの話を聞いていた。そしてそれから彼女はぼくらに白い紙の箱を差し出した。

「お父さんがあんぱんを作ってくれたから、持ってきたの」

彼女の父親は以前インドで、日本人の友人からあんぱんの作り方を習ったという。今日、ぼくとモトコのために作ってくれるよう頼んでくれたとのことだった。つぶあんがたっぷりと詰まったそのあんぱんは、日本を思い出させてくれる懐かしくうれしい味だった。

ドルマは、それからね、と言って、改まって話し始めた。

「じつはスイスに来た経緯について私はこれまで嘘をついていたの。怖くてなかなか本当のことが言えなくて。ごめんなさい。でも二人には、嘘を言ったまま別れるのはいやだったから……」

そう言って、本当の経緯を彼女は話してくれた。彼女はチベットのラサで生まれて、まだ生後六カ月のときに両親が刑務所に行き、それからチベットで祖父母に育てられたこと。ヒマラヤを越えたのは十年以上も前のことで、インドには九年間住んでいたこと。

「難民としてスイスに受け入れてもらえるためには、チベットから直接スイスにやってきたことにして、インドには一時的にしか滞在していないことにしなければならなかったの」

スイス政府はもちろん、ドルマのような若いチベット人たちが過去を隠していることは承知しているはずである。それでも、チベット人がこれまでスイスでほとんど問題を起こしていないこと、またチベットに対してスイスの世論が概ね同情的であることから、チベット人を寛大に受け入れてきたのだ。しかし、ドルマは常に警戒心をもっていた。

「スイス人にはいつも警戒してしまって、どうしても本当の話ができないの」

そういって彼女は、寂しそうな顔を覗《のぞ》かせた。

スイスの人と本当の意味で心を通わせることができないまま、しかし彼女はこの国で暮らしていくしかない。スイスに亡命した以上、チベットはもちろん、インドにももう簡単には戻ることはできないのだろう。スイスで生きることを決めたのは彼女自身だ。それは自ら選択した道にはちがいない。しかしそれは、チベット人の境遇を無視して考えることはできないだろう。たとえインドで安定して暮らす道があったとしても、そこが母国ではなくやはりよそ者として生きざるをえないのであれば、いっそのことより豊かな国を目指すのはある意味自然なことのようにぼくには思えた。いずれにしても、自分の故郷で安心して暮らすことができれば、そんなことを考えることはなかったはずだ。そして、常に帰る場所もあったのだ。

スイスで暮らせる喜びと、故郷に帰ることができない寂しさを併《あわ》せ持つ様子が、彼女をときに若く、ときに大人びて見せていたのかもしれない。

別れ際に、彼女は照れ笑いを浮かべながら、言った。

「今度はいつ、スイスに戻ってきてくれる？」

彼女の顔には、アジアが恋しい、アジア人が恋しい、でも帰ることはできない、そんな思いが滲《にじ》み出ていた。ぼくはその言葉を聞いて、彼女には帰る場所はないんだということを改めて実感した。そして同時に、自分にはいつでも帰れる場所がある、ということの意味を。

そういえばモトコは、五年という時間がたってみて、自分の中に日本の生活を恋しく思う気持ちが出ていることに気づいたと言っていた。もともと彼女は、日本はいかに女性にとって生きづらい国かということを実感しながら日本を出た。その思いは、他国を旅していく中でますますたしかなものになっていった。帰国して、夫婦として日本で暮らすことになれば、きっとこれまでとはまた違ったいろんなストレスを感じることにもなるかもしれない。自分は夫の付属品みたいな存在として扱われるようになってしまうのだろうか。そういったぼんやりとした不安もあると彼女は言った。

「でも、そういうことをいろいろと考えても、やっぱり長く暮らすなら日本がいいなあという気持ちが、五年たって出てきた。家族もいるし、自分の唯一の故郷だし。自分がそういうことを思うようになるなんて、旅をする前はあまり考えていなかったけれど」

故郷とは、母国とは、あるいはそういうものなのかもしれない。ぼくはモトコの言葉を聞いたとき、そう感じた。

そして、そういう場所を持ち得ている自分には、ドルマの気持ちの深いところは知ることができないのかもしれない、とぼくは彼女を前にして思っていた。

「スイスにいつ戻ってこられるかはまだわからないけれど、いつかきっとまた二人に会いたいよ」

すでに暗くなった公園でぼくは言った。最後には再び陽気な顔を取り戻したドルマが、小さな自転車に乗った妹をかばいながら帰っていくのをモトコとともに見守った。

「バイバイ！　バイバイ！」

彼女たちは、何度も何度も振り返る。その姿は少しずつ小さくなっていった。

「バイバイ！」

手を振って彼女たちを見送りながら、ぼくは思っていた。五年旅をしようが、十年旅をしようが、自分たちには帰るところが常にある。いつまでも旅を続けるにしても、帰る場所があるからこそ、旅は旅であり続けることができるのかもしれない。

帰る場所があるとは、いかに幸せなことなのか。ぼくはこのとき初めて、そのことを実感した。そして、その場所に、ぼくらはもうすぐ帰るのだ。

翌日、ぼくたちはテリーとルーシーに別れを告げトゥーンの町を後にした。

スイス・バーゼルからスペイン南部、地中海沿いのアリカンテへ。さらに海岸沿いに南に行ってアルメリアへ。そこからアフリカ大陸のモロッコへと渡るフェリーに乗った。

甲板《かんぱん》に出て海を見ると、それは本当に深い青色の果てしなく続く水面が広がっていた。

船の後部に立ってずっと海を眺めていたモトコが言った。

「あ、イルカや!」

いくつものイルカの群れが船の近くを通り過ぎていく。それはおそらく、四年前にインドネシアのラマレラで見て以来のイルカだった。

あれから四年——。そう思ったときに気がついた。新たな大陸へと移るのは、二〇〇四年にオーストラリアを出て以来だったことを。そしてきっと、これがこの旅で最後の大陸間移動になることを。

26 アフリカへ

スペインのアルメリアからフェリーでモロッコへ——。

「アフリカだ……」

フェリーから見えてきた黄土色の大地に、ぼくは少なからず興奮していた。

上陸するとすぐにタクシーに乗り込んだ。降りたのは港から一三キロほど離れたナドールの市街地。砂埃《すなぼこり》の舞う荒涼とした町並みの中には、多数の羊が溶け込んでいる。ロバが果物を引き、男が生きたニワトリを両手に抱えて歩いていく。女性たちはカラフルな民族衣装に身を包み、その色彩が、茶色がかった景色を明るく彩っていた。

「モロッコはきっと観光客がいっぱいなんだろうな」

上陸前、そう想像していた。しかしここナドールにかぎって言えば、見るからに外国人という人間は自分たち以外にほとんど見当たらなかった。ヤシの木が並ぶ通りにはオープンカフェが建ち並び、サンダルやTシャツ姿のくつろいだ男たちで賑わっている。みな地元の人間という雰囲気で、通りがかると、「どっから来たんだ?」と、何度も話しかけられる。警察もぼくらに興味津々《きようみしんしん》といった体だ。東洋人というだけで相当目立っているらしい。

「こういうの久しぶりだな」

「異国に来たっていう感じがしていいな」
四、五カ月に及んだヨーロッパ滞在中にはすっかり忘れていた感覚を思い出す。ぼくもモトコも気持ちが高ぶった。再びユーラシア横断の日々に戻ったかのようだった。
ナドールからフェス、そして首都ラバトをへて、経済都市カサブランカへと移動した。それぞれに特徴があり、雰囲気がある町だったが、ほとんどが事務作業で終わってしまった。しなければならないことが二つあったのだ。モロッコからどうやってアフリカ内部に入っていくかを決めること。あとはマラリアの薬を見つけること。

マラリアの薬は、一応はそれなりのものが手に入った。難航したのは今後の移動手段だった。

最初は、大陸北西端のモロッコからできるかぎり陸路で縦断して、東部のケニアや南部のボツワナで動物を見ながら南端の南アフリカまで行こうとも思っていた。だが調べるほどに、それが容易ではないことがわかってくる。とくにぼくらがアフリカ大陸に上陸する四日前に、モロッコのすぐ南のモーリタニアでクーデターが起きたことにより、陸路での南下はほとんど考えられなくなってしまった。

最大の目的だったケニアまで飛んでしまおうとも考えた。が、これもまた容易ではないことが判明する。航空券が予想以上に高かったのだ。どのようなルートをとっても、モロッコからケニアまでは空路だと一人二〇万円は覚悟しなければならなさそうだった。

「どうするのがベストなんだろう」。ラバトやカサブランカで、いくつもの旅行代理店や航空会社のオフィスを訪ねて回った。ネットでもできるかぎり調べてみた。その結果ぼくらが予約することになった航空券は、当初は予想もしていなかったルートのものだった。《スペイン・マドリッド発、スイス・チューリッヒ経由、南アフリカ・ヨハネスブルグ行き》。なんと一度スペインに戻り、その上、一カ月以上滞在したスイスを経由していくのだ。失笑せずにはいられなかった。それでも、アフリカ大陸内部で飛ぶよりも圧倒的に安かったのだ。

とりあえず一度スペインに戻ってからこの空路で南アフリカに飛ぶ。南アフリカからケニアまで、途中で動物を見ながら陸路で北上する。最後にケニアのマサイマラで、動物を十分に堪能して、日本に帰る――。

「たぶんケニアでおれたちの旅は終わりになるんだな」

これがぼくらの最後の旅のルートとなりそうだった。ルートが明確になるほどに、旅の終わりはくっきりとその像を結び始めた。

カサブランカからまずは列車で、ヨーロッパへの玄関口ともいえるタンジールへ。ウィリアム・バロウズが暮らし、ジャック・ケルアックらも魅了したこの港町は、白い建物がびっしりと並び、古めかしくも、海が見えるせいかどこか開放的な雰囲気に見えた。列車で隣になり、いろいろと話した若いポルトガル人がこう言っていた。「タンジールはおれの憧れの場所なんだ。親戚が住んでるからしばらくいようと思ってる」。目の前は、ジブラルタル海峡。その向こうはヨーロッパ。しかしこちら側はまったく異なるアラブの世界。自分もゆっくりと滞在したい場所だった。

だがぼくらは、列車を降りるとすぐにマドリッド行きのバスのチケットを買った。まずはフェリーでジブラルタル海峡を渡る。それからバスに乗り込み、マドリッドまで行く。そう決めて国境に向かった。

しかし、フェリーに乗る前の出国審査で予想外の出来事が待っていた。パスポートの写真とぼくの顔をしばらく見比べていた出国審査官がこう言ったのだ。

「ちょっと下の警察のオフィスまで行ってくれ」

「なんでだ?」。いくら訊いても、詳しくは何も教えてくれない。長蛇《ちょうだ》の列を並び終わってようやく出国審査の順番が回ってきたのに、なにやら面倒な展開だった。写真の顔がいまの自分と同じに見えなかったらしいことはわかったが、一度そう疑われたら、どうやってこの写真の人物が自分であることを証明すればいいのだろうか。

「それって案外難しいんじゃないか?」

若干不安になった。

しかたなく列を離れ、モトコとともに急いで階段を下りて警察の詰所へと行く。小さな部屋の中に入っていくと、そこには、色の浅黒いアラブ系らしい端整な顔立ちの警察官が、一人の少年に向かってまくし立てるように話していた。少年はうなだれ、隣にいた家族らしい女性が心配した表情で見守っている。みながさっとこちらを見たので、ぼくは少し大きな声でその警官に言った。

「いったい何がいけないんだ？　次のフェリーに乗らないといけないんだ」

しかし警官は、「ちょっと待ってろ！」の一点張《ば》り。おれが忙しいのは見ればわかるだろう、いま、お前の相手などはしてられないんだ！　顔がそう語っていた。

しかたないので見ていると、少年は突然手錠《てじょう》をはめられた。何をしたのかはわからない。しかしかなり深刻そうな状況だった。もしかしてこの少年もパスポートの顔写真に比べて成長しすぎただけだとすれば……なんてわけはないだろうが、さすがに目の前で手錠をはめられるのを見てドキッとした。横にいた女性が、「それだけはお願いですから……」という顔で、泣きそうになり肩を落とした。

やましいことは何もなくとも、疑われたら自分も何をされるかわからない。想像が膨らみ緊張した。そしてさらにずいぶんと待たされたあと、やっとぼくの番になった。

「パスポートを見せてみろ」

手を出してきたのは、先とはまた別の、口ひげを生やした彫りの深い警官だった。その男は、パスポートが本物であるかを確認しだした。機械に入れて光を当て、拡大鏡で細部を見る。すると見たことのない文字がパスポート上に浮き出てきた。

「こんなところにも"JAPANPASSPORT"と書いてあるよ……。字、超小さいなあ」

初めてのことで、ぼくらも思わず見入ってしまう。パスポートの精密なつくりに驚かされる。さらに折ったり曲げたりいろんな検査を繰り返す。だが、当然のことながら問題は何もない。そうしてようやくパスポートの検査が終わると、今度は袋から何やら資料を取り出した。それを見て、ぼくは思わず笑ってしまった。なんと「ひらがな一覧表」だったのだ。

「よし、これを読んでみろ」

そう言って、警官が指さしたのが、「ひ」の文字だった。

「〝ひ〟だ」

「よし、じゃ、これはどうだ」

「それは〝ん〟だ」

とぼくは言った……。もしかしてこの警官、ひらがなが読めるのか？　と一瞬思ったが、各ひらがなの発音がアラビア文字で上に書いてあるようだった。モロッコ人にひらがなを読めとテストされる。どこかシュールな、現実とは思えない光景だった。

四つほど読まされるとテストは終わった。

「OKだ。行っていいぞ」

ようやく本物の日本人であることを認めてもらえ、無罪放免《むざいほうめん》となった。当たり前だろ、と思ってほっとしつつも、ぼくはこの状況がなんだか楽しくなっていた。やはり国境というのは面白い。本当に思わぬことがある場所なのだ。そして、気持ちをすぐ切り替えた。

「行こう！」

出国審査場に戻ると、今度こそ無事に出国のスタンプを押してもらうことができた。急いで空港のような構内を走っていくと、幸運なことにフェリーはまだ出発してはいなかった。「遅れているみたいなんだ」。周囲の人が教えてくれた。そして結局、その後出発までさらに六時間も待つことになった。

夜十一時半ごろにようやく出航。翌朝二時半にスペインに着き、三時半にやっとバスがマドリッドに向かって出発した。マドリッドに着いたのは翌日午後三時。カサブランカを出てから三十時間以上がたっていた。

「それにしてもなぜ国境で、あそこまで疑われたんだろう」。マドリッドに着いてからも、しばらくぼくはそのことを考えていた。その謎はわからないままだったが、その後ザンビアで、なるほどと思う話を聞いた。スペインで弁護士をしているという日系スペイン人に会ったとき、彼がこんなことを教えてくれたのだ。

「以前、スペインで日本人への暴行が頻発《ひんぱつ》した時期があったけど、やったのは主にモロッコ人だと言われていた。彼らが日本人を襲《おそ》ってパスポートを奪い、それをモロッコで中国系の人間に売る。そして買った者が日本人になりすましてヨーロッパに潜《もぐ》り込むというルートがあったらしいんだ。モロッコからスペインへ渡るとき日本パスポート保持者のチェックが厳しいのはそのためのようだよ」

その真偽《しんぎ》はわからずとも、かなり納得させられる話ではあった。

マドリッドに二泊した後、ようやくぼくらは南アフリカへと飛ぶことができた。そして動物を見るためのツアーに参加したりしながら、北上し、次々に国境を越えていった。

国境を越えるごとに何かがあった。

南アフリカからボツワナへは、国境への交通手段が途中でなくなり、国境の前後をヒッチハイクで乗り越えなければならなかった。見ると国境で働く職員もヒッチハイクで通勤している。彼らは仕事を終えたあともやはりヒッチハイクで家に帰る。そんな不思議な国境で職員たちに紛《まぎ》れて「乗せてくれ！　乗せてくれ！」と手を上げて車を探した。多数のベテランヒッチハイカーを前に、二時間たっても車をつかまえられずにいたが、少し場所を変えたらついに、ぼくらの前にも巨大なトラックが停まってくれた。ザンビアまで行くというので、一〇〇キロほど乗せてもらいパラピエという町で降ろしてもらった。「おれはここで寝るから」。そう言ってトラックを止めた黒人の運転手に、お礼を言ってぼくらは別れた。

その次に越えることになったボツワナとザンビアの国境では、乗り合いバンの中に入れていたモトコのバックパックがなくなった。一瞬、これはもうだめかと思ったけれど、それを背負ってザンビアへと国境を越えようとする男女を見つけ、船で国境を越えられる直前になんとか取り返すことに成功した。

ただ、このときぼくは、自分の気持ちがいかに疲れているかを知ることになった。もしバックパックが戻ってこなければこれをきっかけにそこから帰国することになっただろう。ぼくはそう考えていた。「私もそう思ってた」。モトコも同じ気持ちらしかった。

何年か前だったら、バックパックがなくなるぐらいでは、目的地に着かずして帰ろうという話になったとは思えない。しかしこのときにぼくは気がついた。何かきっかけがあれば、いつでも旅を切り上げて帰ってしまおうという気持ちに自分たちがなっているということを。


そして、その気持ちは、バックパック騒動からちょうど二週間がたったとき、いよいよ具体的な形を持つことになる——。

九月二十日。ぼくらはマラウィという国の北部にあるヴワザ湿地動物保護区にいた。

それは、モトコの強い希望で行くことになった場所だった。近くには買い物をできるところもなく、食料もすべて持参し自炊しなければならないという僻地にあったが、それだけ行くのも準備するのもやっかいなために、観光客もほとんどいないという。いつどこでゾウやカバなどに遭遇するかわからず、公園内を歩くときは、銃を持ったレンジャーと一緒でないと危険だとも聞いていた。

モトコにとって動物は、どこを旅していてもいつも一番気になる存在だった。バンバリーのイルカから始まり、オーストラリア大陸縦断中のさまざまな動物スポットも、インドネシアの捕鯨村・ラマレラも、マレーシア・ボルネオ島のジャングルも、思えばそのほとんどがモトコの先導によって行くことになった場所だった。

ヨーロッパで犬関係の仕事をすることをあきらめて以来、それなら最後にアフリカで壮大な動物の世界を見てから帰りたい、というのが彼女がアフリカに行きたいと思った一番の理由だった。そのモトコにとって、有名な国立公園以上にヴワザは魅力的に映っていた。南アフリカで行ったクルーガー国立公園が、さまざまな種類の動物が見られるという点では素晴らしかったものの、思っていた以上に舗装路と車が目につく場所だったということもある。アフリカとはいえ、ぼくらのような旅行者が気軽に訪れられるところは、どうしてもそのようになってしまうのはしかたないのかもしれなかった。

しかしヴワザは違ったのだ。

ルンピという町から、未舗装の道を五〇キロ行ったところにあったこの保護区は、本当に人里離れた動物ばかりの世界だった。

来てみると、ぼくら以外に旅行者は一組ぐらいしかいなかった。互いの姿はほとんど見えない。そして、まったく人影がないだだっ広い草原の上には、数十頭のゾウが歩いている……。

ヴワザに来て二日目のこと。

銃を持ったレンジャーと一緒に歩いて動物を見て回るサファリをした後、ぼくらは泊まっていた藁《わら》の小屋に戻って鍋に火をおこし、持参した野菜やヌードルを適当に茹《ゆ》でて昼食にした。それから二人で、小屋から少し歩いたところにある簡単な休憩所のようなところに行った。目の前には巨大な水たまりがあり、そこで一〇頭ほどのカバたちが背中だけを見せて水浴びをしている。人間の姿はぼくら以外にどこにもなかった。

アフリカに来てようやくここで、ただ自然と自分たちがいるという感覚になることができた気がした。

「本当に気持ちいいなあ。こんなに自然が近くに感じられるなんてすごい……」

ときどき呼吸を止めるように風景に見入りながら、モトコはゆっくりと日記をつけていた。その隣でぼくも、五年間、ほぼ毎日つけていたメモのような日記を書いた。

ぼくはふと、こうして二人で日記を書いていられる時間の貴重さを思った。曜日も気にせず、時間も気にせず、ぼくらはずっと二人でこうして過ごしてきたんだなあと改めて実感する。そんな日々が終わろうとしているいま、その時間の贅沢《ぜいたく》さがかつてなく自分の胸に迫ってきた。

ぼくはふとモトコに言った。

「旅をしている間、本当にずっと一緒に過ごしてきたよな。夫婦でこんなに毎日一緒に過ごすことなんて普通ないよな……」

「そうやなあ。日本に帰ったら、こんな生活はもうほとんど不可能やろうな」

結婚してから五年もの間、これほど密に過ごすことは、普通は考えられないだろう。本当によくこんなに一緒にいられたな、と思うほど、ぼくらは一緒の時間を過ごし、同じ体験を重ねてきた。そう考えると、毎日のようによくわからないケンカが勃発《ぼっぱつ》することも当然のことに思えてくる。カイラスの帰り道でのようなことは、それこそ無尽蔵《むじんぞう》にぼくらにはある。しかしそうしたことも含めて、この日々は、今後も夫婦としてともに生きていく自分たちにとって、これ以上ない幸せなものだったにちがいないと確信できた。

旅自体についても、相手がいることによってお互いに、自分一人ではすることのなかったただろう経験を得ることができたことは間違いない。ぼくにとってはこのヴワザをはじめとする動物の世界を知ったことがまさにそうだった。

ぼくはこのとき、目の前の光景を見つめながら思っていた。いまこうして二人で過ごしている瞬間の中に、ぼくらの五年間そのものが詰まっているんだな、と。

ふと、前を見てモトコが言った。

「あれ、ゾウやな……。たくさんいるなあ」

顔を上げると、カバの向こうには、ゾウが一直線になって川のような水辺を横切っていた。幅が少し狭くなったところを、大きいゾウと小さいゾウがペアになる形で歩いている。小さなゾウの姿はときに丈の長い草の中に隠れ、大きなゾウは、ポツポツと生える木の影に隠れたり出てきたりした。

おそらく五〇〇メートルぐらい先だろうか、そうして三〇頭ぐらいの群れが、視界の右手から左手へと移動していく。少し離れて、さらに二〇頭ほどがやってきた。

「すごい……」

モトコは立ち上がり、水辺のそばまで行って立ち尽くした。ぼくもまた、ペンを置いてそのそばまで歩いていった。

カバや鳥が水面を揺らす音がときどきかすかに聞こえてくる。しかしゾウの声や足音は聞こえない。果てしなく広大な空間はあらゆる音を飲みこもうとしていた。静かだった。

「ゾウは、何を考えながら歩いているんだろう」

ぼくはふとそんなことを思った。そしてその光景を眺めながら、アラスカを生き抜いた写真家・星野道夫が書いた『旅をする木』の一節を思い出していた。

アラスカの海でクジラを見る喜びはなんなのか。それは、いまこの瞬間も、地球上のまったく遠い場所で、このような巨大な動物が海の中で生きているということを知ることなんだ、とたしか彼は書いていた。

ぼくは、その意味を改めてこのときに思い返した。この巨大なゾウたちは、日々この地で、こうしてゆっくりと地面を踏みしめている。その姿を、いま同じ空気の中にいながらぼくたちは直接目にしている。そしてこの光景は、自分たちがどこで何をしていても、ずっとそのままここにあるにちがいない。

一方そのとき、なぜか突然、目の前の光景とは対極ともいえる、キルギスの首都ビシュケクの部屋の窓から見た風景が思い浮かんだ。夜、青黒い空の中を無数の白い雪の粒がゆっくりと舞い、不思議な明るさが生まれたあの光景。その明るさは、雪に覆い尽くされてもなお生き抜く生命の力強さを示しているようでもあった。

そのビシュケクも、いまは夏のはずだ。暖かくなったあの町はいったいどんな風景なのか。宿の家族はいまどうしているのだろうか。ロシア語の先生たちは、いま何をしているのだろうか。ビシュケクはビシュケクでまた、自分たちがどこにいようが、あの同じ街並みの中で人々がこれまでどおり暮らしているにちがいなかった。

それは、当たり前である一方、不思議な感覚でもあった。バンバリーも、チェンマイも、昆明も、上海も、ハバロフスクも、カイラスも、すべての場所でいまこの瞬間も、ぼくらが見たあの世界が続いているのだ。

ゾウたちの姿を前に、いくつもの景色が蘇《よみがえ》ってきた。自分がずいぶんといろんな場所の風景を、音や匂い、そこに生きる人の顔とともに思い浮かべられることに気がついた。そしてその風景を二人で共有できていることは、今後自分たちがどこでどうやって生きるにしろ、いつまでも変わらない宝物のような感覚なのだろうとぼくは思った。

「もう、帰ろうか」

どちらからともなく、そう言った。もうここで、この旅を終わりにしようか——。

ぼくはこのとき思っていた。もしかすると、自分たちがアフリカに来たのは、旅を終えるための場所を見つけるためだったのかもしれないな、と。

少しだけぼくは考えた。モトコもじっとゾウを見つめていた。しばらくすると二人ともが決断した。

うん、帰ろう、と。


夜、六時半にはすでに真っ暗になっていた。そのころには食事も終え、八時にはベッドに横になった。これから訪れるつもりだったケニアもタンザニアももうやめて、ここで旅を終えるという決断は、気持ちをすっきりさせるとともに、いろんな思いを去来《きょらい》させた。そのせいか、夜、なかなか寝ることができなかった。

自分にとって、この五年間は何だったのだろうか。考えれば考えるほど、言葉でシンプルにまとめることなどできないような時間であったことに気づかされる。ただ確信を持って言えることが一つあった。それは、二人でこの旅に出たという選択が、これまでの自分の人生の中でもっとも自分自身が誇れることの一つにちがいないということだ。たとえ日本に帰ってから苦しい生活が待っているとしても、ライターとしての生活が旅と同時に終わるとしても、それだけは揺るがないと確信できた。そう思えていることがうれしかった。

あるとき小屋のまわりで、ドシッ、ドシッと足音がした。カバなのか、ゾウなのか。藁でできた薄い壁の一枚向こうを大きな動物が歩いていることはたしかだった。どこか非現実的な音に息をひそめ、耳を澄ませた。その足音が通り過ぎると、再び周囲は風に揺れる木の音だけとなっていった。

翌朝。起きるとすぐにバックパックに荷物を詰め、七時には出発した。入口ゲートを出たところで、大きなバックパックを茶色い砂の地面に置き、車が来るのをしばらく待った。うっすらとした白い雲が少しだけ空の色を柔らかくしている。

「ああ、本当に終わりなのか……」

ぼくは何度も、そんなことをつぶやいていた。本当にこの旅が終わってしまうと考えると、やはり信じられない気持ちになった。長い時間思い続け、長い時間をかけて実行に移してきたことが、いままさに終わろうとしているのだ。長年通い続けた学校を卒業する直前の気分に近かったかもしれない。

あれはもう六、七年も前のことになる。まだこの旅のことを思い立ったころのこと、ぼくとモトコは、よく地元のマクドナルドに行ってセット一つにバーガー一つを追加して、ドリンクとポテトを分けて食べていた。モトコはいつもこう言った。

「私が買うし、こんな貧乏くさいことやめようさ」

「いや、そうはいかねえ。少しでも金を貯めよう」

仕事をしていたモトコに対して、ぼくはまだ学生だった。金もなく、見通しもない。しかし未知で無限に広がりのある旅の日々を思い描くと、それだけで楽しかった。あのころ、旅がどんなものになるのかはまったく想像ができなかった。ましてやその旅にいつか終わりが来ることなど、まるで現実的に考えることができなかった。

終わりのない旅がしたい。できることなら一生旅を続けたい。五年前、そう思ってぼくらは日本を出発した。旅をしながら金を稼ぐ方法があれば、きっとそれもできるんじゃないか。二人でいつまでも終わりがない旅をして一生暮らすことができたら、そんなに幸せなことはないんじゃないか。

それが、ぼくが夢見ていたことだったと言ってもいい。

あれから五年。それを実現することは可能であると、ぼくは信じられるようになっている。ぼくらが旅をしている間に、ネットなどの環境も大きく変わった。持続可能な旅を続けて生きていくことはますます可能な時代になっている。そう、この夢はもう夢ではないのだ。

しかし、自分たちはもうその夢を追ってはいなかった。

このときぼくは、不思議な昂揚《こうよう》感を感じていた。帰ることにとても前向きな気持ちでいたのだ。それは、心の奥に一つの確信を持てるようになっていたからだった。

旅は、終わりがあるからいいのだ——。

終わりがあって有限だからこそ、感動がある。終わりが来ることがわかっているからこそ、いまこの瞬間が貴重なのだ。それは、人生もまったく同じであるはずだった。いつか終わりが来ることを知っているからこそ、いまこの瞬間を楽しもう、懸命に生きようというエネルギーが湧いてくるにちがいないのだ。

そう気づいたとき、旅立ち前に見ていた夢は、もはや目の前からその姿を消していた。そして、これから先のかぎりある人生が、とてもいとおしく大切に感じられるようになっていた。

ただ、これから始まる生活がけっして甘くないだろうことはわかっている。帰ってからとりあえずどうやって生きていこうか。おれたち、いったいどうなるんだろう……。不安は大きかったし、考えてわかることはほとんどなかった。

「もっちゃん、どうする？　おれ、ライターで食っていける自信全然ないよ。やっぱり就職しないとだめなのかなあ。って言っても、何をやったらいいんだろう……」

「うーん、まあ、なんとかなるって。帰ってから、考えよ」

帰国は、自分たち夫婦にとってもまったくの新しいスタートになる。結婚してからぼくらはずっとこの旅の中にいたのだから。日本で二人で暮らすのは、じつは初めてのことなのだ。何年かすればもう一人加わっていることだって考えられる。その子も連れていつか新たな旅に出ることになるかもしれない。あるいは、旅とは縁のないまったく別な暮らしが続いていくのかもしれない。ただどんな日々が待っているにしても、この五年の経験は、ぼくたち二人の中で、これからさらに大きくいろんな形に育っていく。それがどんな形になるのかは、予測できないままでいたい。でもこれだけは確信できる。

きっとなんとかなる。

それこそが、自分たちがこの旅で得た最大の教訓なのだから。

ルンピ行きの軽トラックがやってきた。

「乗れ、乗れ！　行くぞ！」

荷物を押し込み、ぼくらもその荷台に乗り込んだ。すでに乗っている地元の人たちの間になんとか席を確保すると、トラックは一気に茶色く細かい砂の道を加速した。

ぼくもモトコも、目の前の荷物につかまり、足にぐっと力を入れる。後ろに遠ざかるヴワザの景色は黄色の砂埃の中に消えていく。

帰国に向けた第一歩が始まった。

それは、故郷という、自分たちにとって世界で唯一の特別な場所への新たな旅の始まりでもある。

その場所はまだ遠い。到着するまでに考えるべきことは山ほどあった。いったいここから、どうやって帰るのがいいのだろうか。どれだけ時間がかかるのだろうか。どうするのが一番安いのだろうか。

ブルルーンというエンジン音と、バタバタと身体を打ちつける風の音が響き続ける。

少し大きな声でモトコに言った。

「一気に飛んでしまおうか？」

「いや、せっかくだから、どっかでリゾート気分を味わおうよ！」

長い旅が終わった気になりながら、最後の目的地まではまだ相当な道のりが残っていることに、このときぼくは気がついた。


（完）

あとがき

二〇〇三年に〝遊牧夫婦〟の旅を始めてから、今年で十年となりました。帰国してからも五年近くがたち、思えばすでにあの旅と同じくらいの長さを日本で過ごしてきたことになります。それだけ時間がたったいまようやく、最後の一行にたどり着くことができました。

旅をすることで定住することの意味が見えてくるのと同様に、ひとつの土地に暮らすことは、旅とは何かをより明確に教えてくれます。帰国して、妻・モトコの故郷である京都で生活をするなかで、ぼくは少しずつ、あの五年間が自分たちにとってなんだったのかを理解することができるようになった気がします。また、帰国してから二人の娘が生まれ、親として新たな人生を支える立場になることによって、二人だけで気ままに過ごしていたあの日々を、当時とは別の視点で見られるようになりました。

『遊牧夫婦』『中国でお尻を手術。』そして本書『終わりなき旅の終わり』の三冊は、ぼくたちの五年間の旅の記録であるものの、そういった意味で、帰国後の自分たちの生活が随所に投影されているはずです。いま三冊を読み返すと、それぞれの文体や雰囲気には少なからぬ違いがあるように感じますが、それは、帰国してから五年近い間に、自分自身の世界観が少しずつ変化してきたことを表しているようにも思います。

ミシマ社の「平日開店ミシマガジン」（現・「みんなのミシマガジン」）にてウェブ連載を始めたのは、帰国してまだ一年もたっていない二〇〇九年夏のことでした。それからいまに至るまで、書くことによってぼくはずっとあの旅の中を生き続けることができていたような気がします。その日々がついに終わりを迎えるいま、旅が本当に終わってしまったんだという大きな寂しさを感じています。

しかし同時に、旅に二度目の終止符を打つことで、ようやく自分は先に進めるという気もしています。あの旅を思い出しながら生きる日々から、この先に待っている新たな世界を思い描く日々へと、いよいよ移っていけるのだろう、と。

旅を執筆するという新たな旅の終着点にたどり着くまでには、とても多くの方々のお世話になりました。とりわけ、ミシマ社の三島邦弘さんには、連載開始の即断から、本の細部に至るアドバイスまで、根幹のところで自分の執筆を支えていただきました。ミシマ社との出会いがあったからこそ、自分たちの旅はいま完結することができました。本当に感謝の念に堪《た》えません。

ほかにもこの場でお礼を記したい方の顔が、いまいくつも思い浮かんでいます。しかしここでは、あと一人だけに絞って気持ちを書かせていただくことを、しかもそれが最大の身内であることを申し訳なく感じつつも、お許しいただければと思います。

これまでこうした形で謝辞を書くことを、ある意味あえて控えつつ、しかし一番の感謝を述べなければならないと思い続けていたのは、まぎれもなく妻のモトコです。

本の中では、ぼくが旅を主導していたように読めるかもしれませんが、どちらかといえばモトコが主導してきたというほうが圧倒的に正しいと言えます。書き手の視点を逃れることができないという宿命上、このような形になりましたが、そもそも彼女が引っ張っていってくれたからこそ、これだけいろいろな体験をすることができたことは間違いありません。

その一方、あまり出たがりではない彼女にとって、このような作品を書かれることは、少なからずストレスがたまる日々だったはずです。ウェブでの連載が始まった当初は、本気なのか冗談なのか、「私のことはできるかぎり書かないでほしい」とまで言っていました。しかし、自分が出てこないと面白くないらしい、面白くないと読んでもらえない、読んでもらえないと生活が苦しくなる、といった現実的な要請から、ぼくが彼女について好き勝手書くことをある程度目をつぶって見守ってくれたのはありがたいことでした。

ただ、モトコは、こう言っていることもありました。

「私が書いたら、まったく別の旅みたいに見えるんやろうな……」

もしいつかモトコが突然文筆業に目覚め、この旅を彼女の視点から書いてみたいと思い立つことがあったら、いったいどんな物語になるのか。そうしてあの旅を彼女の視点でもう一度振り返ることができるのならば、ぼくは喜んでまた、オーストラリアからアフリカまで、旅をともにさせてもらいたいと思っています。

本当に、ありがとう。

最後に、読んでくださったみなさまに心より御礼申し上げます。少しでも何かを感じてもらえたり、楽しんでもらえたり、それぞれの人生と重ね合わせてもらえたりするものになっていれば、書き手としてそれ以上にうれしいことはありません。この作品がみなさまにとっての「何か」になりえることを、いまは願うばかりです。

では、これからもよい日々を、そして、よい旅を！

二〇一三年八月八日　近藤雄生

本書は、「みんなのミシマガジン」(http://www.mishimaga.com/) に連載した「遊牧夫婦」(第66回〜第106回) をもとに加筆・再構成したものです。

近藤雄生（こんどう・ゆうき）

1976年東京生まれ。東京大学工学部卒業、同大学院修了後、旅をしながら文章を書いていこうと決意し、2003年に妻とともに日本をたつ。オーストラリアでのイルカ・ボランティアに始まり、東南アジア縦断（2004）、中国雲南省で中国語の勉強（2005）、上海で腰をすえたライター活動（2006 - 2007）、その後ユーラシア大陸横断を経て、ヨーロッパ、アフリカへ。2008年秋に帰国し、現在京都在住。著書に『旅に出よう』（岩波ジュニア新書）、『遊牧夫婦』、『中国でお尻を手術。～遊牧夫婦、アジアを行く』（以上、ミシマ社）。
http://www.yukikondo.jp/

終わりなき旅の終わり　さらば、遊牧夫婦

二〇一三年九月四日　初版第一刷発行

著者　近藤雄生
発行者　三島邦弘
発行所　㈱ミシマ社
郵便番号一五二－〇〇三五
東京都目黒区自由が丘二－六－一三
電話　〇三(三七二四)五六一六
FAX　〇三(三七二四)五六一八
e-mail hatena@mishimasha.com
URL　http://www.mishimasha.com/
振替　〇〇一六〇－一－三七二九七六

印刷・製本　(株)シナノ
組版　(有)エヴリ・シンク

ISBN978-4-903908-44-1

好評既刊

シリーズ第一弾

遊牧夫婦

近藤雄生

無職、結婚、そのまま海外！

バンバリーでイルカ三昧、アマガエル色のバンで北へドライブ、東ティモール、捕鯨の村……二人の新婚生活はどこへ行く⁉
旅した五年間の最初の一年を記録した作品であり、「旅が暮らしになる時代」の〈新しい夫婦の形〉を描いた、異色の脱力系ノンフィクション。

ISBN978-4-903908-20-5　1600円

シリーズ第二弾

中国でお尻を手術。
遊牧夫婦、アジアを行く

近藤雄生

年収30万の三十路ライター、人生に迷う。

初の新婚生活、先生との日中大議論、寝ゲリ、吃音コンプレックス……。
旅の二年目、中国に滞在した二年半、現地で学び•生活する遊牧夫婦の新しい「暮らし方」。

ISBN978-4-903908-30-4　1600円

（価格税別）